Walther Max Adrian
Schu

cking

Das Künstenmeer im internationalen Recht

Walther Max Adrian
Schu
..
cking

Das Künstenmeer im internationalen Recht

ISBN/EAN: 9783744604802

Hergestellt in Europa, USA, Kanada, Australien, Japan

Cover: Foto ©Suzi / pixelio.de

Weitere Bücher finden Sie auf **www.hansebooks.com**

Das

Küstenmeer im internationalen Rechte

(im Völkerrechte, wie im internationalen Privat- und Strafrechte).

Von

Walther Schücking
aus Münster i. W.

Motto:
"Sprich Du von Deiner Küste
Von Deinem blauen Meer".
Dingelstedt.

Eine von der juristischen Facultät der Universität Göttingen
gekrönte Preisschrift.

Göttingen 1897.
Druck der Dieterich'schen Univ.-Buchdruckerei (W. Fr. Kaestner).

Urteil der Facultät.

(Es) sind die beiden [anderen] Arbeiten sowohl die mit dem Motto
„Sprich Du von Deiner Küste
Von Deinem blauen Meer"
Dingelstedt

versehene, als die mit dem Motto
„Gemeingebrauch und Hoheitsrechte"

bezeichnete, beide als eines vollen akademischen Preises würdige zu erachten, obschon ihre Vorzüge verschiedenartige sind. Während die erstgenannte Arbeit sich auszeichnet durch sehr sorgfältige Berücksichtigung der Litteratur und weder Detail-Bestimmungen völkerrechtlicher Verträge noch die Rechtsprechung ausser Acht lässt, hat sie allerdings nicht vermocht, das von dem Verfasser angenommene Princip der vollen Souveränetät des Uferstaats über das Küstenmeer consequent durchzuführen. Indess darf dieser Mangel, da der Standpunkt des Verfassers von sehr namhaften Schriftstellern getheilt wird, in Anbetracht des zu Tage tretenden guten juristischen Verständnisses und Urtheils nicht ins Gewicht fallen . . . . . Beide Arbeiten, jede in ihrer Weise, dienen wirklich der weiteren Klärung einer wichtigen völkerrechtlichen Streitfrage, und mit Genugthuung macht daher die Facultät Gebrauch von der ihr auf Antrag besonders ertheilten Befugniss, jeder der beiden letztgenannten Arbeiten den vollen Preis zuzuerkennen."

Als Verfasser der mit dem Motto „Sprich Du von Deiner Küste u. s. w." erschienenen Arbeit ergab das versiegelte Couvert: **Walther Schücking**, Münster i. W.

Inhaltsverzeichnis.

	Seite.
Einleitung	1

Allgemeiner Teil.

§ 1. Der Begriff des Küstenmeers und die Rechtfertigung einer Ausdehnung der uferstaatlichen Herrschaft 3

§ 2. Die Lehre von der räumlichen Ausdehnung der uferstaatlichen Herrschaft über das Küstenmeer in ihrer historischen Entwicklung bis zu den Beschlüssen des Instituts für intern. Recht 6

§ 3. Die Lehre von der rechtlichen Natur der uferstaatlichen Herrschaft im Küstenmeer bis zu den Beschlüssen des Instituts 14

§ 4. Die Lehre von den grösseren Buchten, Meerengen und Kanälen bis zu den Beschlüssen des Instituts 20

§ 5. Die Resolution des Instituts für internationales Recht über das Küstenmeer 24

Besonderer Teil.

I. Das Küstenmeer im Frieden.

§ 6. Die Pflichten des Uferstaats 31
§ 7. Die Rechte des Uferstaats 32
§ 8. Die Jurisdiktion des Uferstaats gegenüber fremden Kauffahrteischiffen 39
§ 9. Die Rechtsstellung fremder Kriegsschiffe 60

II. Das Küstenmeer im Krieg.

§ 10. Das Küstenmeer der Neutralen 69
§ 11. Das Küstenmeer der Kriegführenden 80

Schluss 84

Anhang.

I. Die Resolution des Instituts über das Küstenmeer 85
II. Thesen über den gegenwärtigen völkerrechtlichen Rechtszustand im Küstenmeer 86

Litteratur.

Actes du Congrès international de droit commercial d'Anvers. Brüssel-Paris 1886.
Attlmayr, Die Elemente des internationalen Seerechts. Wien 1872.
v. Bar, Lehrbuch des internationalen Privat- und Strafrechts. 1892.
v. Bar, Theorie und Praxis des internationalen Privatrechts. Hannover 1889.
Berner, Der Wirkungskreis des Strafgesetzes. Berlin 1858.
Binding, Die Normen. Bd. 1. 2. Aufl. 1890.
Bischof, Grundriss des positiven öffentlichen internationalen Seerechts. Graz 1868.
Bluntschli, Das moderne Völkerrecht der zivilisierten Staaten. 2. Aufl. 1872.
Böhm, Die räumliche Herrschaft der Rechtsnormen. Erlangen 1890.
Buret, L'abordage maritime. (Faculté de droit de Paris.) Paris 1868.
Burgh (De), The elements of maritime international law. London 1868.
van Bynkershoek, De dominio maris bei S. de Cocceii: Grotius illustratus 1744 — 1752 pars quarta.
van Bynkershoek, Quaestiones iuris publici. Lugdunum Batavorum. 1737.
Calvo, Le droit international théorique et pratique. Deuxième éd. Paris 1870.
Cauchy, Le droit maritime international. Paris 1862.
Corpus iuris civilis.
Cussy, Phases et causes célèbres du droit maritime des nations. Paris 1856.
Fischer, Lehrbegriff sämtlicher Kameral- und Polizeirechte. Frankfurt 1785.
Gessner, Droit des neutres sur mer. 2. Aufl. Berlin 1876.
Godey, La mer cotière. Paris 1896.
Grotius, De iure pacis ac belli. Ausgabe von Samuel de Cocceii wie oben.
Günther, Europäisches Völkerrecht. Altenburg 1792.
Harburger, Der strafrechtliche Begriff Inland. 1882.
Hartmann, Institutionen des praktischen Völkerrechts. 1874.
Hautefeuille, Des droits et des devoirs des nations neutres en temps de guerre marit. Paris 1848.
Hautefeuille, Histoire des origines, des progrès et des variations de droit marit. internat. Paris 1858.
Hautefeuille, Questions de droit maritime international. Paris 1868.
Heimburger, Der Erwerb der Gebietshoheit. I. Bd. 1888.
Heffter-Geffken, Völkerrecht. 8. Aufl. 1888.
v. Holtzendorff, Handbuch des Völkerrechts in Einzelbeiträgen verschiedener Autoren. 1885—1889.
Jakobsen, Seerecht des Friedens und des Kriegs. Altona 1815.
Jettel, Handbuch des Internationalen Privat- u. Strafrechts. Wien u. Leipzig 1893.
v. Kaltenborn, Kriegsschiffe auf neutralem Gebiet. Hamburg 1850.
v. Kaltenborn, Seerecht. 1851.
Kent, Commentaries on American law. 6. ed. 1854.

Klüber, Europäisches Völkerrecht. II. Aufl. Schaffhausen 1851.
Liszt, Lehrbuch des Strafrechts. 7. Aufl. 1896.
Loccenius, De iure marit. in Heineccii scriptores rei marit. 1740.
Martens-Bergbohm, Völkerrecht. 1883.
Meyer (Hugo), Lehrbuch des Strafrechts. 5. Aufl. 1895.
Moser, Grundsätze des europäischen Völkerrechts. Tübingen 1752.
Nau, Grundsätze des Völker-Seerechts. 1802.
Oetinger, Tractatus de iure et controversiis limitum. Hannover 1715.
Olshausen, Kommentar zu den Strafgesetzen des deutschen Reichs. 4. Aufl 1892.
Oppenheim, System des Völkerrechts. 2. Ausgabe. 1866.
Ortolan, Règles et diplomatie de la mer. Paris 1864.
Perels, Das internationale öffentliche Seerecht. Berlin 1882.
Phillimore, Commentaries upon international law. II. ed.
Pölitz, Die Staatswissenschaften im Lichte unserer Zeit. 1828.
v. Püttlingen, Handbuch des in Oestreich geltenden internationalen Privatrechts. Wien 1860.
v. Raumer, Die Insel Wollin. 1851.
Rivier, Lehrbuch des Völkerrechts. 1889.
— Principes du droit des gens. 2 Vols. Paris 1896.
Saalfeld, Handbuch des Völkerrechts. Tübingen 1833.
Selden, Mare clausum seu de dominio maris Lugduni Batavorum. 1636.
Schmid, Die Herrschaft der Rechtsnormen nach ihren räumlichen und zeitlichen Grenzen. Jena 1863.
Stypmann, De iure maritimo. Gryphw. 1652.
Surland, Grundsätze des Europäischen Seerechts. Hannover 1750.
Tellegen, Disputatio de iure in mare imprimis in proximum. Groningen 1857.
Twiss, The law of nations. London 1861.
Vattel, Le droit des gens. Leide 1758.
Weiss, Code du droit maritime international. Paris 1858.
Wheaton, Eléments du droit international. 5. Aufl. Leipzig 1874.
Wollheim da Fonseca, Der deutsche Seehandel und die französischen Prisengerichte. Berlin 1878.
Woolsey, Introduction in the study of international law. London 1879.
Zorn, Reichsstaatsrecht. 1880 u. 1883.

Zeitschriften, Jahrbücher u. s. w.

Annuaire de l'Institut de droit int. Brüssel seit 1877.
Journal de droit internat. privé. Paris seit 1873.
Revue de droit int. et législation comparée. Brüssel seit 1868.
Revue générale de droit int. public. Paris seit 1894.
Zeitschrift für internationales Privat- und Strafrecht begr. 1890.
Goldtammer, Archiv für Preussisches Strafrecht seit 1853.
Zeitschrift für das gesamte Handelsrecht seit 1858.
Entscheidungen des Reichsoberhandelsgerichts seit 1873.
Entscheidungen des Reichsgerichts.
Verhandlungen des deutschen Reichstags.
Deutsches Reichsgesetzblatt.

Einleitung.

Die Meeresfreiheit.

Während im Laufe einer geschichtlichen Entwicklung von vielen tausend Jahren die Völker sich in die Länder des Erdballs geteilt haben, während in diesen Besitzverhältnissen heute meistens nur noch Verschiebungen stattfinden, gilt der weite Ozean, der ²/₃ der Erdoberfläche bedeckt, als frei und herrenlos.

Einst zwar haben die Mächtigen der Erde, von Mark Aurel, jenem weisen Kaiser des Altertums angefangen, der sich ὁ δὲ νόμος τῆς θαλάσσης [1]) nannte, bis zu jenem Emporkömmling des seegewaltigen Inselreichs, Oliver Cromwell, der ohne Englands Genehmigung keine andere als die britische Flagge auf dem Ozean wehen lassen wollte, versucht, auch auf das Meer ihre Herrschaft auszudehnen. Und bei diesen Ansprüchen der Engländer handelte es sich nicht etwa um leere Worte, wie wenn unsere deutschen Kaiser sich „des oceani König" nannten, vielmehr wurden blutige Kriege geführt, sie gegen Holland durchzusetzen. Die Geschichte jener Kämpfe, die sich an die Behauptung eines Teils des Ozeans durch Skandinavien, Dänemark, Portugal, Spanien, Genua, Venedig, die Türkei knüpften, fesselt indessen heute den Historiker mehr als den Juristen.

Hier mag es genügen, den Namen des Mannes zu nennen, der in einer glänzenden Schrift die juristischen Grundlagen der von den Feinden seines Volkes behaupteten Herrschaft über das Meer einer vernichtenden Kritik unterzog. Die 1609 erschienene Streitschrift des Hugo Grotius: Mare liberum ist freilich damals nicht

---

1) l. 9 D. de l. Rhodia de iactu 14, 2.

unerwidert geblieben[1]), aber nach etwa anderthalb Jahrhunderten wurde die Freiheit des Meeres nicht mehr ernstlich bestritten. —

Interessant ist die Thatsache, dass während man sich heute über die Meeresfreiheit völlig einig ist, über die Grundlagen derselben noch immer gestritten wird. Die einen suchen die Gründe in der Natur des Meeres selbst, die andern in den Interessen der Völker. Gewiss ist, wie Stoerk[2]) in Uebereinstimmung schon mit l. 2 § 1 D. de div. rer. et qual. 1, 8 behauptet „das Meer seiner Natur nach unfähig im Eigentum eines Einzeln zu stehen"; aber dann handelt es sich um Eigentum im privatrechtlichen Sinne. Hier jedoch wurde der Sache nach immer ein Anspruch auf die Gebietshoheit eines Teils des Meeres gemacht. Diese darf, wie Holtzendorff[3]) treffend ausführt, auch nicht mit dem feudalen Begriff des Obereigentums verwechselt werden. „Denn Gebietshoheit bedeutet zunächst nur grundsätzlich ein Herrschaftsrecht iuris publici über die Handlungen untergebener Personen in ihrem Verhältnis zur Regierung oder zu einander oder zu irgend welchen Sachen innerhalb des örtlichen Machtbereichs des Herrschenden. Ob diese Herrscher einen Teil des Grund und Bodens eigentümlich besitzen ist an sich ganz gleichgültig." Dann muss es aber auch gleichgültig sein, ob sie ihn seiner Natur nach überhaupt besitzen können und es kommt nur darauf an, ob ein imperium im obigen Sinne möglich. Bei der fortgeschrittenen modernen Kriegs- und Verteidigungskunst, neigen wir zu der Annahme, dass auch grössere Meeresteile von den Staaten thatsächlich innegehalten werden können.

Verneint also das moderne Völkerrecht die Zulässigkeit auch der Gebietshoheit eines Staates auf einem Teil der Meeresfläche, so müssen irgend welche anderen Gründe den Ausschlag gegeben haben. Wohl mit Recht spricht schon Nau[4]) den Gedanken aus, dass hier die Gleichartigkeit und Gemeinsamkeit der Interessen der Völker entschieden hat. Die gesunde Einsicht lehrte jede einzelne Nation, dass sie ihre Kulturaufgaben besser erfüllen könne mit der Meeresfreiheit, als ohne dieselbe.

---

1) Selden, Mare clausum 1635.
2) Stoerk, Hdb. des Völkerrechts in Einzelbeiträgen verschiedener Autoren 1885—1889. Bd. II. S. 484.
3) Holtzendorff ebendort S. 239.
4) Nau, Grundsätze des Völker-Seerechts 1802. S 75.

Allgemeiner Teil.

§ 1. Der Begriff des Küstenmeers und die Rechtfertigung einer Ausdehnung der uferstaatlichen Herrschaft.

Das Dogma von der Freiheit des Meeres gewinnt mit dem von Jahr zu Jahr zunehmenden Seeverkehr fortwährend an Bedeutung für das Leben der Völker. Niemals jedoch würde es so unbestritten herrschen, wäre man sich nicht darüber einig geworden, wichtige Teile der Meeresfläche aus dem Begriffe des freien offenen Meeres auszuschliessen und die Gebietshoheit des Uferstaats auf diese Teile auszudehnen. Zunächst wurden davon Rheden, Häfen, Meereseinbrüche, kleinere Baien, Buchten und Flussmündungen betroffen. Der gebräuchlichste Sammelname für diese Meeresteile ist wohl das Wort Territorialgewässer oder auch Territorialmeer, wenigstens in der deutschen völkerrechtlichen Litteratur. Ihn gebraucht z. B. Stoerk[1]), Martens-Bergbohm[2]), Attlmayr[3]), Heimburger[4]) und andere mehr. Kaltenborn[5]) bedient sich des Worts Eigentumsmeer; Perels[6]) spricht von „nationalen Gewässern, versteht dagegen unter Territorialmeer im Gegensatz zu allen übrigen deutschen Autoren nur das Küstenmeer. Damit folgt er dem französischen Sprachgebrauch. Dort finden wir unter mer territoriale in der Mehrzahl der Fälle nur das Küstenmeer verstanden und die andern Gewässer als eaux intérieures bezeichnet, so bei Buret[7]), Lyon-Caën[8]), Hautefeuille[9]), Cussy[10]), auch bei Calvo[11]), während die Mehrzahl der deutschen Völkerrechts-Schrift-

---

1) Stoerk, a. a. O. S. 419.
2) Martens-Bergbohm, Völkerrecht. 1883. Bd. I. S. 373.
3) Attlmayr, Die Elemente des internationalen Seerechts. Wien 1872. S. 3.
4) Heimburger, Der Erwerb der Gebietshoheit. I. Bd. 1888. S. 98.
5) Kaltenborn, Seerecht. Bd. II. 1851. S. 343.
6) Perels, Das internationale Seerecht. 1882. S. 21.
7) Buret, L'abordage maritime. Faculté de droit de Paris. Paris 1888. S. 224.
8) Lyon-Caën, Revue de droit international. tom. XX. 1888. S. 488.
9) Hautefeuille, Histoire des origines, des progrès et des variations do droit maritime international. Paris 1858. S. 20.
10) Cussy, Phases et causes célèbres du droit marit. des nations. Paris 1856. tom. I. S. 91.
11) Calvo, Le droit intern. theor. et prat. deux. éd. Paris 1870. tom. I. S. 315.

steller das Küstenmeer als eine species unter das genus Territorialmeer gerechnet wissen will. Ebenso von den Franzosen Ortolan¹).

Eine eigentümliche Stellung nimmt Heffter-Geffken²) ein. Er lässt die Souveränetät des Uferstaats über das Territorialmeer, also die oben erwähnten Meeresteile aus der Souveränetät des Uferstaats über das Küstenmeer folgen. Damit rechnet er, ebenso wie schon Bischof³) es gethan, nicht wie die herrschende Lehre das Küstenmeer dem Territorialmeer, sondern das Territorialmeer dem Küstenmeer ein.

Dem gegenüber genügt es festzustellen, dass diese Ansicht unhistorisch, sachlich unbegründet und vereinzelt ist. Allerdings stände begrifflich dem nichts entgegen jeden Teil des Meeres, der in einem Hafen, einer Bucht oder irgendwo eine Küste bespült „Küstenmeer" zu nennen, aber unter Küstenmeer im engern Sinne hat die wissenschaftliche Lehre seit Jahrhunderten nur den Teil des weiten offenen Meeres verstanden, der eine Küste eines Staates bespült, nicht jene Meeresteile, die vom Landgebiete eines Staates wie z. B. die Zuidersee teilweise umschlossen sind. Der Gedanke von der Herrschaft des Uferstaats über diesen Meeresstrich an der Küste hat sich durchaus selbständig aus den Bedürfnissen der Uferstaaten entwickelt. Die Lehre vom Küstenmeer ist noch heute ein Streitapfel zwischen den Gelehrten aller Stationen, während man sich über die rechtliche Natur des sogenannten „geschlossenen Meeres", das manche auch unter das Territorialmeer zählen wollten, der Meereseinbrüche u. s. w. viel früher einig geworden ist.

Wir glauben deshalb an dieser bestimmten Begrenzung des Begriffs Küstenmeer, für die sich auch Engelhardt⁴) ausspricht, festhalten zu sollen, mag auch durch die Beschlüsse des Instituts für internationales Recht vom 31. März 1894 die Bezeichnung *mer territoriale* gewählt sein, als es sich vorzüglich darum handelte, die Grenzen und rechtliche Natur des Küstenmeers zu bestimmen. In dieser Auffassung werden wir noch dadurch bestärkt, dass auch der Autor des neuesten französischen Werks über unsere Materie dem deutschen Sprachgebrauche folgend die Bezeichnung la mer

---

1) Ortolan, Règles intern. et diplomatie de la mer. Paris 1864. tom. I. S. 140.
2) Heffter-Geffken, Völkerrecht. 8. Aufl. 1888. S. 169 u. 170.
3) Bischof, Grundriss d. posit. öffentl. internat. Seerechts. Graz 1868. S. 24.
4) Engelhardt, Revue de droit international. Bd. 26. 1894. S. 209.

côtière gewählt hat[1]). In der folgenden Erörterung über das Küstenmeer werden wir uns also auf jenen oben bezeichneten Teil des Meeres beschränken.

Untersuchen wir nach dieser räumlichen Absteckung unseres Themas kurz, worin der Gedanke einer Herrschaft des Uferstaats über das Küstenmeer wurzelt. Auch in diesem Falle ist das Recht nicht das ursprüngliche und natürliche, sondern der Schutz staatlicher und privater Interessen, die sich im Lauf der Geschichte gebildet haben. Sobald der Staat sich seiner Aufgabe, die Unterthanen zu schützen vollbewusst wird, kann er mit diesem Schutz nicht mehr an der Küste halt machen. — Muss er es dulden, dass fremde Schiffe in unmittelbarer Nähe der Küste miteinander kämpfen und durch ihre Geschosse die Uferanlagen, ja selbst das Leben der Küstenbewohner gefährden? Soll er etwa träge zuschauen, wenn fremde Kriegsschiffe an irgend einer Stelle des Küstenmeers sich festsetzen und vielleicht, um einem Dritten Abbruch zu thun, die friedliche Schiffahrt stören, ja unmöglich machen oder wenn sie Pläne der Küstenverteidigungsanlagen für kommende Kriegsfälle aufnehmen? Dazu kommen Erwägungen anderer Art. Hat der Staat doch nicht nur die Aufgabe Leib und Leben seiner Unterthanen gegen feindliche Gewalt, sondern auch ihre Gesundheit gegen Einschleppung ansteckender Krankheiten zu schützen. Das ist ihm aber schlechterdings unmöglich, wenn ihm nicht schon das Recht zusteht über Schiffe irgend welche Sicherungsmassregeln zu verhängen, ehe sie in seinem Hafen vor Anker liegen. — Von nicht geringem Gewicht in dieser Frage sind endlich die finanziellen Interessen des Staates. Sein ganzes Zollsystem ist in seinen Wirkungen bedroht, wenn es jedem fremden Schiffe gestattet ist, bis dicht an den Strand heranzukommen, um bei günstiger Gelegenheit Waaren jeder Art einzuschmuggeln. Ebenso sind indirekt die finanziellen Interessen des Staates dadurch gefährdet, dass bei der Freiheit des Küstenmeeres auch der Fischfang und jegliche Art der Meeresnutzung durch Austern-, Korallen-, Perlenfischerei u. s. w. dort frei wäre, und dass durch ausländischen Wettbewerb und dessen rücksichtslose Ausbeutung den Küstenbewohnern diese hauptsächliche Nahrungsquelle verstopft werden könnte. Dieselbe Gefahr bedroht die Küstenbewohner bei freiem Wettbewerb aller Ausländer in der Küstenfruchtfahrt.

Sollten die Gründe für eine Ausdehnung der staatlichen Ho-

---

1) Paul Godoy, La mer côtière. Paris 1896.

heit über die Küste hinaus damit auch nicht erschöpft sein, so genügen sie doch schon völlig darzuthun, wie berechtigt dieses Streben der Staaten ist. Dass aber die staatliche Herrschaft sich thatsächlich um ein beträchtliches über die Küste, die man als die natürliche Grenze bezeichnen könnte, auszudehnen vermochte, hat seinen inneren Grund in der Freiheit des Meeres von einer anderweitigen Herrschaft. Denn manche der oben aufgezählten Gründe könnten eben so gut für eine Ausdehnung einzelner Hoheitsrechte des Staates über die Grenzen, die ihn von andern Staaten trennen, sprechen, und doch wäre dieser Gedanke absurd, weil dann ein Staat in die Hoheitsrechte eines andern Staates eingreifen würde. Dehnt der Uferstaat aber seine Hoheit über das Küstenmeer aus, so verletzt er zunächst niemandes Gebiet.

Dass aber das Meer seinem Charakter nach nicht unfähig ist unter der Gebietshoheit eines Staates zu stehen, haben wir in der Einleitung über die Meeresfreiheit hervorgehoben. Demnach ist es eine rein thatsächliche Frage, ob der Uferstaat Hoheitsrechte über das Küstenmeer besitzt und welchen Inhalt dieselben haben. Allerdings eine Frage, die vorwiegend völkerrechtlicher Natur, denn man wird v. Bar zustimmen müssen, der den scharf gefassten Satz ausspricht: „Die Grenzen des Staatsgebiets bestimmt das Völkerrecht".

§ 2. Die Lehre von der räumlichen Ausdehnung der uferstaatlichen Herrschaft über das Küstenmeer in ihrer historischen Entwicklung bis zu den Beschlüssen des Instituts für intern. Recht.

Wenden wir uns nunmehr der historischen Entwicklung der Lehre vom Küstenmeer zu. Bartolus de Sassoferrato, der bedeutendste der Postglossatoren hat in seinem tractatus Tyberiadis[1]) den Gedanken einer Herrschaft des Uferstaats über das Küstenmeer zuerst ausgesprochen. Es wird berichtet, es sei ihm einst, als er seine Ferien auf einem Landgut bei Perugia zwischen Tiber und Trasimenischem See zubrachte, ein Geist erschienen und habe ihn im Namen der Tibergottheit aufgefordert, eine Abhandlung über dieses Thema zu schreiben. In derselben entschied sich Bartolus dahin, dass jeder Uferstaat ein imperium über das Küstenmeer haben sollte und zwar auf 100 Meilen oder zwei Tagereisen. Sein Bruder Angelus wollte den Uferstaaten die Gerichtshoheit über jene Grenze hinaus zugestehen, sofern die Staaten nicht

---

1) Bartolus, Operae vol. VI. Lugdunum 1552. p. 146.

wechselseitig damit ihre Herrschaftssphären verletzten. Derselben Ansicht sind die Postglossatoren des 15. Jahrhunderts Fulgosius, Castro, Caepolla, Felinus¹) gewesen. Thatsächlich jedoch hat die Lehre des Bartolus in dieser Sache die italienische Staatenpraxis beherrscht, zumal kein geringerer als Baldus de Ubaldis mit Bartolus übereinstimmte. So ist uns eine Entscheidung des höchsten piemontesischen Gerichtshofes aus der zweiten Hälfte des 17. Jahrhunderts bekannt, in der auf diese Autoritäten ausdrücklich bezug genommen und es für zulässig erklärt wird, dass ein von Spanien nach Neapel segelndes Schiff 50 Meilen vom Hafen Monako entfernt „ob non solutam gabellam" von einem savoyischen Kriegsschiff aufgehalten wurde²).

Bei dem grossen Einfluss, den die italienische Jurisprudenz in der ganzen damaligen gebildeten Welt besass, kann es uns nicht wundern, wenn wir die Ansicht später auch bei andern Völkern vertreten finden. So weist Bodinus³) ausdrücklich auf jene Entscheidung des piemontesischen Gerichtshofs und auf die Lehre des Bartolus hin, nur ist dort trotzdem die Grenze auf 60 Meilen angegeben. Auch in Deutschland beginnt sich die Ansicht des Bartolus einzubürgern. Während man im Jahre 1594 die Ostsee nur auf ½ Meile vom Strande als dem Herzog von Pommern gehörig betrachtete⁴), bezeichnet 1652 ein gewisser Stypmann⁵) in einer in Greifswald gedruckten Abhandlung die Grenze von 100 Meilen als die gemeine Ansicht, fügt aber schon unter dem Einfluss von Bodinus hinzu: alii ad sexaginta miliaria extendunt et ita in causa Ducis Allobrogum iudicatum. Zu Beginn des folgenden Jahrhunderts sehen wir nur Oetinger⁶) noch Bartolus folgen, während sich Loccenius⁷) auf Bodinus stützt und auch Vattel⁸) nur die Lehre des Bodinus wiedergibt, um sich dann im Gegensatz zu derselben auf den weiter unten dargelegten Standpunkt von Bynkershoek zu stellen.

---

1) Einzeln zitiert bei Tellegen, Disputatio de iure in mare, imprimis in proximum. Groningen 1857. p. 19.
2) Cacheranus, Decisiones Senatus Pedemontani. Dec. 155.
3) Bodinus, De Republica. Paris 1586. l. I. cap. X. p. 170.
4) v. Raumer, Die Insel Wollin. Berlin 1851. S. 144.
5) Stypmann, De iure maritimo. Gryphw. 1562. S. 56.
6) Oetinger, Tractatus de iure et controversiis limitum. Hannover 1715. I. Buch. XII. cap. Note 7.
7) Loccenius, De iure marit. in Heineccii scriptores rei marit. 1740. S. 921.
8) Vattel, Le droit des gens. Leide 1758. l. ch. 23. § 289.

Wenn die Grenze des Küstenmeers bei den Autoren, die sich auf Bartolus berufen, trotzdem immer der Küste näher gerückt wird, so müssen wir darin Konzessionen gegenüber der zu immer grösserer Anerkennung gelangenden Ansicht des Grotius und des auf ihm fussenden Bynkershoek erblicken, die um die Mitte des vorigen Jahrhunderts wohl schon die herrschende war.

Nicht mit Unrecht hat man Hugo Grotius den Vater des Völkerrechts genannt; auch die Lehre vom Küstenmeer in ihrer heutigen Gestalt können wir auf ihn zurückführen. Es ist kein geringes Zeichen der hervorragenden Bedeutung dieses holländischen Gelehrten, dass er — ein solch leidenschaftlicher Verfechter der prinzipiellen Meeresfreiheit — sich den Bedürfnissen des Völkerlebens nicht verschliesst und die Möglichkeit der Herrschaft eines Staates über die angrenzenden Meeresteile zulässt. „Ut autem solum imperium", sagt er in seinem berühmten Werke[1]), „in maris partem sine alia proprietate occupetur, facilius potuit procedere, neque arbitror ius illud gentium de quo diximus obstare. Videtur autem imperium in maris portionem eadem ratione acquiri, qua imperia alia, id est ut supra diximus ratione personarum et ratione territorii. Ratione personarum ut si classis qui maritimus est exercitus aliquo in loco maris se habeat, *ratione territorii, quatenus ex terra cogi possunt, qui in proxima maris versantur*, nec minus, quam si in ipsa terra reperirentur." Aber in demselben Kapitel[2]) sagt er ausdrücklich: Illum certum est, etiam qui mare occupaverit, navigationem impedire non posse inermem et innoxiam". Zweierlei unterscheidet diese Theorie des Grotius von der des Bartolus und seiner Schule. Einmal verwirft er eine bestimmte nach Meilen festgesetzte Grenze für das imperium und erkennt diese Herrschaft nur in soweit an, als sie thatsächlich von der Küste aus ausgeübt werden kann; zweitens betont er die absolute Freiheit der friedlichen Schiffahrt im Küstenmer. Grotius folgend fordert van Bynkershoek in seiner 1703 erschienenen Dissertation[3]) als Bedingung für die Ausdehnung der Staatsgewalt auf das Küstenmeer die Möglichkeit einer thatsächlichen Ausübung der staatlichen Herrschaft, wie ausser dem animus der corpus bei dem Besitze erforderlich sei. „Quare omnium videtur rectius, fährt er fort, eo potestatem extendi, *quousque tormenta exploduntur* eatenus quippe cum imperare tum possidere videmur. Loquor autem de his temporibus, quibus

---

1) Hugo Grotius, De iure pacis ac belli. l. II. cap. III. § 13.
2) Derselbe. Ebenda § 10.
3) Corn. v. Bynkershoek, De dominio maris. 1703. cap. II.

illis machinis utimur alioquin generaliter dicendum esset, *potestatem terrae finiri, ubi finitur armorum vis.*" Er beruft sich für seine Ansicht darauf, dass solches thatsächlich schon rechtens; wenigstens hätten die Generalstaaten durch Beschluss vom 3. Januar 1671 ihre Kapitäne angewiesen, an den Küsten fremder Staaten, soweit die Geschütze der Städte und Befestigungen reichten, Salut zu geben wie es der Landesherr verlange. Ob der Landesherr den Gruss erwidern lassen wolle, sei seine Ansicht, jeder sei Herr auf seinem Gebiete und jeder Ankömmling ihm unterthan. 1688 ordnete Molloy an, dass die englischen Schiffe in Kanonenschussweite von fremden Küsten es ebenso halten sollten[1]).

Wenn einer der zwingendsten Gründe für die Ausdehnung der uferstaatlichen Herrschaft in der Notwendigkeit des Schutzes der Küste gegen feindliche Angriffe beruht, so ist es nur konsequent mit Bynkershoek zu sagen, soweit sich dieser Schutz thatsächlich durchführen lässt, soweit soll das Schutzgebiet des Staates reichen. Wir können uns deshalb nicht darüber wundern, dass, während der Vorschlag eines gewissen Gryphiander[2]), das Küstenmeer soweit zu rechnen wie es durch Pfähle und Tonnen im Meere abgesteckt werden könnte, ebenso die hin und wieder aufgestellte Theorie von dem Horizont als Grenze oder gar der Schallweite der menschlichen Stimme, der Linie bis zu welcher noch Boden im Meere gefunden werden kann, dass während alle diese Vorschläge bald in Vergessenheit geraten, die Theorie des Bynkershoek die Lehre des Bartolus verdrängt und in der Praxis der Staaten dieselbe Anerkennung findet[3]) wie in den Büchern der Gelehrten[4]) des vorigen Jahrhunderts. Neben seinen logischen

---

1) cf. Annuaire de l'Institut de droit int. Bd. 12. S. 106.
2) Gryphiander, Tractatio de insulis in Fritschii ius fluviaticum 1672. S. 500.
3) Die Kanonenschussweite enthalten im vorigen Jahrh. als Grenze:
Vertrag zwischen Frankreich und Holland von 1739, art. 21.
„ „ „ und Russland von 1787, art. 28.
„ „ „ und England von 1794, art. 25.
„ „ „ und Tunis von 1797.
„ „ beiden Sizilien und Russland von 1787, art. 16.
„ „ Vereinigt. Staaten und England von 1794, art. 25.
Edikt der Republik Genua vom 1. Juli 1779.
„ „ Venedig vom 9. Sept. 1779.
„ des Grossherzogs von Toskana vom 1. Aug. 1778, art. I.
Russ. Allerh. bestätigte Regate für Privatkaper vom 31. Dez. 1787.
4) Die Kanonenschussweite enthalten folg. Lehrbücher des vorigen Jahrh.:
Surland, Grundsätze des Europäischen Seerechts. Hannover 1750. S. 88.
Moser, Grundsätze des europ. Völkerrechts. IV. Buch. I. cap. § 3.

Vorzügen verhalf dem Gedanken von Bynkershoek wohl der Umstand zu seinem Siege, dass er der allmählich immer mehr anerkannten grundsätzlichen Meeresfreiheit nicht solchen Abbruch that, wie des Bartolus Hundertmeilengrenze.

Dennoch lässt sich nicht verkennen, dass die von Bynkershoek vorgeschlagene Grenze gegenüber der des Bartolus auch einen erheblichen Nachteil besitzt, wir meinen ihre Unsicherheit. Die Tragweite der besten Geschütze kann sich mehrere Jahre gleich bleiben; sie kann sich aber bei dem rastlosen Wettbewerbe aller Kulturvölker auch auf diesem Gebiete der Technik in einem Jahre mehrmals ändern. Die Praxis verlangte schon damals und noch mehr heute für die staatliche Verwaltungsthätigkeit zur See eine feste, sich längere Zeit hindurch gleichbleibende Grenze. Solche Erwägungen veranlassten die Nationen in zahlreichen Fällen die Ausdehnung ihrer Hoheit über das Küstenmeer wieder auf eine bestimmte Meilengrenze durch Verträge oder einseitigen staatsrechtlichen Akt zu beschränken. Bei Abmessung dieser Meilengrenze hielt man sich dann aber an die Kanonenschussweite als Grundlage und betrachtete als solche nach der Geschütztechnik des ausgehenden vorigen Jahrhunderts 3 Seemeilen von je 1852 m, so dass 3 Seemeilen eine französische lieue marine von 5,556 km und 60 Seemeilen einen Breitengrad ausmachen. Diese sog. Dreimeilengrenze taucht in der Staatenpraxis zum ersten Male in einem Schreiben des Generals Jefferson an den englischen Minister vom 8. Nov. 1793 auf. Seitdem findet sie sich in einer Unzahl von Gesetzen, Reglements, Staatsverträgen, Neutralitätserklärungen u. s. w., deren erschöpfende Aufzählung uns zu weit führen würde. Nur soviel mag bemerkt werden, dass sie auch in art. 11 der Haager Konvention vom 6. V. 1882 zwischen dem deutschen Reiche, Belgien, Dänemark, Frankreich, Grossbrittanien, den Niederlanden und Schweden über die polizeiliche Regelung der Fischerei in der Nordsee enthalten ist, dass ferner die deutsche Regierung sich verschiedentlich für sie ausgesprochen hat, namentlich in den Motiven des Gesetzes betreffs Untersuchung von Seeunfällen [1]).

Aus dieser Thatsache haben zahlreiche Autoren gefolgert, dass durch beinahe hundertjährige Uebung der Völker an die Stelle

---

Fischer, Lehrbegriff sämmtl. Kameral- u. Polizei-Rechte. Frankfurt 1785. III. Bd. S. 6.
Günther, Europäisches Völkerrecht. Altenburg 1792. II. Bd. S. 52 u. 53.
[1]) Verh. des Deutschen Reichstags 1877. Bd. III. Drucksachen S. 4. Vgl. auch dieselben 1875/76. Bd. III. S. 460—504.

der früheren Kanonenschussweite eine Entfernung von 3 Seemeilen getreten sei. Untersuchen wir zunächst das Verhältnis in welchem diese bei den Zonen zu einander in bezug auf ihre Grösse stehen würden. Auf der Ausstellung in Chikago 1893 stellte Krupp eine 24 cm Küstenkanone aus, die im April 1892 auf dem Schiessplatz in Meppen bei einer Erhöhung von 44° eine Schussweite von 20,226 km erreicht hat. Damals betrug also die Schussweite ungefähr 11 Seemeilen. Diese Thatsache beweist zur Genüge, wie unrecht jene Gelehrten haben, welche die Kanonenschussweite mit der Dreimeilengrenze glauben identifizieren zu können [1]). Andere behaupten wie gesagt, die Kanonenschussweite sei im Völkerrecht durch die Dreimeilengrenze ersetzt worden [2]). Erinnern wir uns jedoch daran, dass vor allem das Schutzbedürfnis der Küste eine Ausdehnung der Herrschaft des Uferstaats über das Meer herbeigeführt hat, so werden wir nicht ohne gründliche Prüfung denen zustimmen, welche mit ihrer Beschränkung des Küstenmeeres auf einen Dreimeilengürtel diesen Schutz beinahe illusorisch machen. Denn wenn zwei miteinander in Kampf geratene Schlachtschiffe nur die Neutralität von einem also beschränkten Küstenmeer achteten, so könnten ihre Geschosse trotzdem etwa bis 15 km weit in dem Land des Neutralen einfallen und dort die furchtbarsten Verheerungen anrichten! Sicherlich ist also mit der Dreimeilenzone den Interessen keines Volkes gedient. Der Minister der Vereinigten Staaten Seward fragte deshalb am 16. Sept. 1864 bei dem englischen Geschäftsträger im Washington an, ob nicht bei der

---

1) So urteilen z. B.
    Calvo, Le droit intern. 3. ed. Paris 1880. tom. I. S. 306.
    Phillimore, Commentaries upon int. law. 2. ed. tom. I. S. 235.
    Kent, Commentaries on Americ an law. 8. ed. 1854. tom. I. S. 31.
    Twiss, The law of nations. London 1861. tom. I. § 172. S. 249.
    Wheaton, Éléments du droit int. 5. Aufl. Leipzig 1874. S. 168 u. 169.
    Woolsey, Introduction in the study of int. law. London 1879. S. 69.

2) Das Pariser Schiedsgericht über die Fischerei im Beringsmeer erwähnt in seinem Urteil vom 15. August 1893 „la limite ordinaire de trois milles. (Da es sich bei der Fischerei im Beringsmeer um ganz besondere Verhältnisse handelt, glauben wir uns hier auf diesen Hinweis beschränken zu sollen, verweisen aber auf
    Barclay, Revue de droit int. Bd. 25. S. 417—446.
    Engelhardt, Revue de droit int. Bd. 26. S. 386—400.
    v. Martens, Revue générale de droit von 1894. S. 31—43).
    Godoy, Revue generale de droit. 1896. S. 221.
    v. Bar, Theorie und Praxis des int. Privatrechts. Hannover 1889. Bd. II. S. 609.

veränderten Kanonenschussweite ein Uebereinkommen der Staaten die Grenze des Küstenmeers von 3 auf 5 Seemeilen hinausschieben solle. Bedarf es aber notwendiger Weise eines Uebereinkommens, um von der Dreimeilengrenze abzugehen? Unseres Erachtens deshalb nicht, weil die Dreimeilengrenze, so verbreitet sie sein mag, niemals die Kanonenschussweite ganz verdrängt hat, niemals allgemein angenommen ist. Gelegentlich der Verhandlungen über eine internationale Regelung der Sundfischerei 1874 haben Spanien, die Vereinigten Staaten, Deutschland, Oestreich, Italien, Dänemark, Holland und Belgien erklärt, sollte das Küstenmeer durch internationales Uebereinkommen begränzt werden, so seien 4 Seemeilen für sie das Minimum. Behauptet doch heute Spanien eine Zone von 6 Seemeilen als sein Küstenmeer, Norwegen wenigstens 4 Seemeilen[1]), und England und die Vereinigten Staaten dehnen ihre Zollkontrolle auf 12 Seemeilen aus; ebenso macht England allen von verseuchten Plätzen kommenden Schiffen beim Begegnen mit andern innerhalb von 12 Seemeilen ein Quarantänesignal zur Pflicht. Von der Kanonenschussweite spricht eine Instruktion des ital. Marine Ministers vom 20. Juni 1866, ebenso eine kaiserlich östr. Verordnung vom 20. Mai 1866, ein Vertrag zwischen England und Portugal von 1842. Eine Verordnung des östr. Finanzministers vom 23. März 1881 bestimmt 4 Seemeilen als Grenze für Zollmassregeln[2]). Diese Beispiele mögen genügen darzuthun, dass eine übereinstimmende zum Recht gewordene Staatenpraxis in diesem Punkte nicht besteht.

Aus dieser Thatsache, dass die Dreimeilengrenze nicht zu allgemeiner Anerkennung gelangt ist, hat nun eine Anzahl der bedeutendsten in- und ausländischen Autoren den Schluss gezogen, die Ausdehnung des Küstenmeeres bis zur Kanonenschussweite sei in Kriegs- wie Friedenszeiten das im Zweifel geltende Recht[3]). Unseres Erachtens ist das jedoch nur cum grano salis

---

1) Die 4 Meilengrenze enthalten ein schwed. Prisenreglement vom 12. IV. 1806 u. Dekret vom 5. V. 1871, norwegische Gesetze vom 4. X. 1686, 10. II. 1747, 7. V. 1756, 23. II. u. 20. IV. 1759, 24. u. 25. II. u. 16. III. 1812, 19. IX. 1830, 6. X. 1869, 6. VI. 1878, 28. V. 1881, 9. IX. 1889. cf. Annuaire XII. S. 142.

2) Ein Erkenntnis des Turiner Kassationshofs vom 19. Aug. 1885 nimmt 4—5 Seemeilen an, cf. Journal du droit int. privé. Bd. 14. 1887. S. 241.

3) So Pölitz, Die Staatswissenschaften im Lichte unsrer Zeit. 1828. S. 102. Saalfeld, Handbuch des Völkerrechts. Tübingen 1833. S. 94 u. 95. Klüber, Europäisches Völkerrecht. II. Aufl. Schaffhausen 1851. S. 143. Oppenheim, System des Völkerrechts. 2. Ausgabe. 1866. S. 128. Kaltenborn a. a. O. II. Bd. S. 342.

aufzufassen. Gewiss, ein Hinausgehen über die Kanonenschussweite ist völlig unmöglich. Aber man kann sich auch der Thatsache nicht verschliessen, dass einer Einschränkung des Küstenmeeres auf ein Geringeres als die Kanonenschussweite die Staatenpraxis sehr zuneigt. Für Friedenszeiten erscheint eine solche Beschränkung auch recht angebracht, da der Uferstaat bei einer Ausdehnung seiner Küstenpolizei auf die heutige Kanonenschussweite den damit verbundenen Aufgaben oft kaum gewachsen sein würde. Man wird sich also davor hüten müssen, ohne weiteres als völkerrechtliche Grenze der Staaten zum Meere hin die Kanonenschussweite zu bezeichnen. Vielmehr möchten wir den geltenden Rechtszustand dahin präzisieren, dass **jeder Uferstaat das Recht hat, seine Grenze soweit in das Meer hinauszuschieben, als er es zu seiner Sicherheit gegen Einschleppung von Krankheiten, Schmuggel u. s. w. für notwendig befindet, dass er jedoch die durch die Kanonenschussweite bestimmte Linie nicht überschreiten darf.** Diese Anschauung finden wir namentlich auch bei v. Martens und Wharton vertreten[1]). Es bedarf keiner näheren Ausführung, dass dort, wo nicht ein staatsrechtlicher Akt, sondern ein völkerrechtlicher Vertrag in allen oder einzeln Beziehungen das Küstenmeer etwa auf einen Dreimeilengürtel beschränkt hat, auch kein staatsrechtlicher Akt zur weiteren Ausdehnung des Küstenmeeres genügt.

Ebensowenig wie darüber, wo das Küstenmeer aufhört, ist man sich darüber einig, wo es anfängt; nur ist diese Frage im Allgemeinen selten erörtert. Die Römer betrachteten bekanntlich den von der höchsten Flut erreichten Strich als Landgrenze[2]).

Bluntschi, Das moderne Völkerrecht d. zivil. Staaten. 2. Aufl. 1872. § 302.
Hartmann, Institutionen des prakt. Völkerrechts. 1874. S. 156 u. f.
Heimburger a. a. O. S. 25. Perels a. a. O. 25.
Goltdammers Archiv. Bd. 16. S. 77.
Gerichtshof zu Valparaiso am 21. April 1874. (Journal a. a. O. 1875. S. 36—88.)
Pappafava, (Journal a. a. O. 1887. S. 446).
Schiattarella, Del Territorio Siena. 1879. S. 8.
Cussy a. a. O. tom. I. S. 96.
Cauchy, Le droit marit. internat. Paris 1862. tom. II. S. 152—153.
Hautefeuille a. a. O. S. 20.
Ortolan a. a. O. tom. I. S. 153 ff.
Weiss, Code du droit marit. int. Paris 1858. tom. II. S. 23.
1) v. Martens, Revue generale de droit int. public. 1894. S. 43.
Wharton, Journal a. a. O. 13. 1886. S. 73.
2) § 3 I. 2, 1.   l. 96 D. 50, 16.   l. 112 D. eodem.

Denselben Standpunkt nimmt noch die französische Ordonnance sur la marine von 1681 ein[1]). Anfang dieses Jahrhunderts lehrte Jakobsen[2]), die Landgrenze des Küstenmeeres wechsele mit dem jeweiligen Stande von Ebbe und Flut, eine Anschauung, die trotz ihrer offenkundigen Mängel Aufnahme fand in § 16 II des Zollvereinsgesetzes vom 1. Juli 1869, auch vom englischen Staatsrecht anerkannt ist in bezug auf die Trennung des Jurisdiktionsgebietes der Admiralty von dem des Common law. Im Gegensatz dazu nehmen die meisten neueren internationalen Verträge den niedrigsten Ebbestand als Grenze zwischen Strand und Küstenmeer an, auch der schon genannte Haager-Vertrag über die Nordseefischerei. Anders Wheaton[3]), der das Küstenmeer von dort anrechnet, wo dasselbe schiffbar zu werden beginnt, ebenso Attlmayr[4]). Auch wollen Perels[5]) und Stoerk die Frage nicht in abstracto entschieden wissen. Perels betrachtet als Landgrenze die Küstenlinie „bis zu welcher noch Standbatterien errichtet werden können, die auch bei höchstem Wasserstand einer Gefährdung durch die Flutwelle nicht ausgesetzt sind", desgleichen Kaltenborn[6]). Stoerk sieht „als staats- und völkerrechtlich gleichwirksame Landgrenze die Verbindungslinie derjenigen Punkte an, auf welchen und von welchen aus dauernde festländische Anstalten staatlicher Natur zur Ordnung und Kontrolle des auf der angrenzenden Seefläche sich bewegenden maritimen Verkehrs errichtet und dauernd erhalten werden können". Uns scheint der Standpunkt des Haager Vertrags die einfachste und damit zweckmässigste Lösung der Frage zu bieten.

§ 3. Die Lehre von der rechtlichen Natur der uferstaatlichen Herrschaft im Küstenmeer bis zu den Beschlüssen des „Institut de droit international".

Es kann uns nicht befremden, wenn wir bei Bartolus und seiner Schule keine staats- und völkerrechtlichen Betrachtungen über den Charakter der uferstaatlichen Herrschaft im Küstenmeere finden. Dazu bedurfte es erst eines bedeutenden Fortschritts der Rechtswissenschaft. Wir sahen schon an anderer Stelle, wie Hugo

---

1) Stoerk a. a. O. S. 411.
2) Jakobsen, Seerecht des Friedens u. des Kriegs. Altona 1815. S. 580 u. 585.
3) Wheaton a. a. O. S. 168.
4) Attlmayr a. a. O. S. 5.
5) Perels a. a. O. S. 24.
6) Kaltenborn a. a. O. S. 342.

Grotius dieser Frage näher tritt und die uferstaatliche Herrschaft ein imperium sine alia proprietate nennt, auch das Recht aller Staaten auf die freie Schiffahrt im Küstenmeer anerkennt.

Thörichterweise glaubt Bynkershoek seinem doch wohl ungleich bedeutenderen Landsmann darin widersprechen zu müssen. Er nimmt ein **privatrechtliches** unbeschränktes dominium des Uferstaats über das Küstenmeer an. So gelangt er dazu, dem Uferstaat das Recht zuzusprechen, sein Küstenmeer zu verkaufen, umzutauschen, zu verschenken, in Zahlung zu geben, ja auch Fremden die Schiffahrt dort ganz zu verbieten oder nur unter Bedingungen zu gestatten[1]).

Gegen Ende des vorigen Jahrhunderts trug die öffentlich-rechtliche Auffassung des Souveränetätsbegriffs den Sieg über das privatrechtliche Element davon. Wo man heute im Völkerrecht noch den Begriff des Staatseigentums am Territorium verwertet, versteht man darunter nur noch das **staatsrechtliche imperium in seinen völkerrechtlichen Wirkungen**. Damit stürzt die Theorie des Bynkerskoek völlig in sich zusammen.

Trotzdem ist die Fehde über die rechtliche Natur der uferstaatlichen Herrschaft im Küstenmeer heute noch nicht beigelegt. Hatte man sich früher gestritten, ob ein imperium oder ein privatrechtliches dominium vorliege, so ist man jetzt uneins, ob dieses imperium die uferstaatliche Souveränetät im Küstenmeer oder nur die Berechtigung zur Erfüllung einzelner Aufgaben, wie z. B. der Küstenpolizei bedeute. Trotz der grossen Bedeutung dieser Frage, wird sie in der deutschen Litteratur nur von Harburger[1]), Stoerk[2]) und von v. Bar[4]) eingehender erörtert. Alle drei sprechen dem Staat die Souveränetät über das Küstenmeer ab. Unseres Erachtens mit Unrecht.

Zunächst scheint es uns gänzlich irrig, wenn Harburger diejenigen Autoren, die sich für die **Souveränetät** aussprechen, mit den Verteidigern eines privatrechtlichen Eigentums des Uferstaats, wie Bynkershoek und anderen Autoren auf eine Stufe stellt, wenn er behauptet, der alte Streit, ob dominium ob imperium, sei heute noch nicht beigelegt. Nur darum wiederholen wir, kann es sich handeln, ob ein Eigentum im völkerrechtlichen Sinne, oder ob ein beschränktes Herrschaftsrecht vorliege. Gegen erstere in

---

1) Bynkershoek a. a. O. cap. V.
2) Harburger, Der strafrechtliche Begriff Inland 1882. S. 1—29.
3) Stoerk a. a. O. S. 453—470.
4) v. Bar a. a. O. II. Bd. S. 612.

der Wissenschaft vorwiegend vertretene Auffassung[1]) führt Harburger hauptsächlich drei Gründe ins Feld. Zwar gesteht er zu, dass eine thatsächliche Unmöglichkeit, die Souveränetät im Küstenmeer auszuüben nicht vorliege, aber er sieht — und das ist sein erster Grund — die Unzulässigkeit der Souveränetät darin, dass dann der Souverän die freie friedliche Schiffahrt in seinem Küstenmeer verbieten und hindern könne. Ist das aber wirklich eine notwendige Folge der Souveränetät?

Das Recht der Souveränetät im Küstenmeer und das Recht der friedlichen Durchfahrt für alle Schiffe können sehr wohl nebeneinander bestehen: man braucht ein solches Recht nur als öffentlich-rechtliche Servitut aufzufassen. Da Harburger diese Möglichkeit zugeben muss, stützt er sich zweitens auf die Unsinnigkeit und Unmöglichkeit der Folgerungen, die Bynkershoek aus dem Eigentum des Uferstaats am Küstenmeer zieht. In der Beurteilung derselben sind wir mit Harburger völlig einig; nur beweist er damit nicht das, was er beweisen will. Denn er kann unmöglich die Unzulässigkeit der Konsequenzen, die aus dem Privateigentum des Staates am Küstenmeer folgen, zur Bekämpfung der Souveränetät des Staates über das Küstenmeer verwerten.

Schliesslich wendet Harburger gegen die Souveränetät noch ein, das Völkerrecht habe die Befugnis des Uferstaats im Küstenmeer in gewissen Beziehungen zu schalten und zu walten anerkannt, weil ein Bedürfnis dazu vorliege. Dieses Bedürfnis sei durch Zuerkennung einer Gesetzgebung und Jurisdiktionsgewalt über das fragliche Wassergebiet völlig ausreichend befriedigt. Auch hier lässt sich der Gegenbeweis leicht erbringen. Vor den Mississipimündungen hatte sich die sog. Anna-Insel gebildet[2]); die Vereinigten Staaten beanspruchten die Gebietshoheit über jene Insel, und der englische High Court of Admiralty erkannte gegenüber einem engl. Privatmann, der Okkupationsansprüche geltend

---

[1]) Für die Souveränetät: Phillimore a. a. O. S. 238, Kent a. a. O. S. 28, Oppenheim a. a. O. S. 127, Heimburger a. a. O. S. 97, Kaltenborn a. a. O. S. 341, Cussy a. a. O. S. 91, Calvo a. a. O. S. 348 u. 385, Weiss a. a. O. II. S. 26, Martens-Bergbohm a. a. O. S. 378, Ortolan a. a. O. I. S. 153, v. Martens, Revue générale a. a. O. S. 40, Heffter, Völkerrecht. 6. Aufl. 1873. S. 154, Zorn, Reichsstaatsrecht. 1883. II. Bd. S. 336; — gegen Souveränetät auch Bluntschli a. a. O. §§ 309. 310. 322, Twiss a. a. O. S. 250, Perels a. a. O. S. 41.

[2]) Phillimore a. a. O. S. 283/84. Der damals von Lord Stowell geltend gemachte Gesichtspunkt, der Fall sei schon § 21 I. 2, 1 entschieden, ist kaum von Gewicht; dort bezieht sich der Fall auf eine avulsio, während es sich hier um eine insula in mari proximo nata handelt.

machen wollte, das Recht der Vereinigten Staaten an. Die neue Insel lag innerhalb des Küstenmeeres derselben. Besass der Uferstaat nur einzelne Hoheitsrechte über das Küstenmeer, so wäre seine Gewalt über die neue Insel im besten Falle ebenso beschränkt gewesen, da es sich um eine Accession zur Hauptsache handelte. Das hätte aber zu den unmöglichsten Folgen geführt. Dies Beispiel zeigt zur Genüge, wie eine blosse Hoheit des Uferstaats für einzelne Zweige staatlicher Thätigkeit seinen Bedürfnissen nicht immer genügt.

Wie Harburger, so verwirft Stoerk die Gebietshoheit des Uferstaats über das Küstenmeer. Er sagt, es sei weder Staatsgebiet, noch frei wie das offene Weltmeer, selbstverständlich auch nicht Ausland, am allerwenigsten wie Harburger gemeint hatte, eine Uebergangsstufe zwischen Inland und Ausland, sondern „Küstengewässer mit all den Attributen, welche die ältere und neuere Staatspraxis dieser Rechtskonstruktion zuweist". So versteht Stoerk unter Küstenmeer nur „den räumlich bestimmten Boden für die staatliche Verwaltung zur See". Dieses Recht der obrigkeitlichen Verwaltung zur See bedarf nach ihm nicht mehr der Motivierung auf „Umwegen", wie eine solche in der Annahme der Gebietshoheit oder einer besonderen Küstenhoheit des Uferstaats zu erblicken sei.

Unseres Erachtens erschöpft Stoerk mit diesem Recht der obrigkeitlichen Verwaltung das Recht des Uferstaats am Küstenmeer keineswegs. Zunächst ist dieses Recht auf Verwaltung sicherlich ein ausschliessliches, der Uferstaat hat doch **allein** das Verwaltungsrecht, er darf jeden andern Staat im Bereiche des Küstenmeeres von jeder Verwaltungshandlung ausschliessen. **Dieses ausschliessliche Recht eines Staates ist jedoch die negative Aeusserung seiner Gebietshoheit.** Ebenso sind aber in der Ausübung einer staatlichen Verwaltung zur See die positiven Wirkungen der Gebietshoheit gegeben, denn zur Durchführung der Verwaltung gehört wenigstens ein gewisses Mass der Gesetzgebung und Justiz. Damit übt der Staat im Küstenmeere die vornehmsten Herrschaftsrechte aus. Und solches Recht auf die Herrschaftsausübung innerhalb eines örtlichen Machtbereichs nennen wir Gebietshoheit. Ein selbstständiges Recht auf Verwaltung, wie Stoerk es will, scheint demnach ohne Gebietshoheit nicht denkbar. Die **Gebietshoheit** ist aber von dem Begriff der **Souveränetät** nicht zu trennen. Denn sie ist nichts anderes als die Anwendung der nach innen gerichteten Souveränetät; „an sich ein Begriff des Staatsrechts, aber inwiefern das Völkerrecht diese Anwendung in den Verhältnissen und Beziehungen der verschiedenen Staaten anerkennt und schützt, erhält dieselbe eine völkerrechtliche Bedeutung"[1]). Wo also die Gebietshoheit thatsächlich anerkannt wird, da kann die Souveränetät nicht mehr bestritten werden.

Andere Gesichtspunkte, um den Mangel der Souveränetät darzuthun, führt v. Bar in das Feld. Indem er die Möglichkeit einer faktischen Herrschaft als Grundlage der Souveränetät betrachtet, meint er diese Möglichkeit für das Küstenmeer und damit die Souveränetät des Uferstaats verneinen zu müssen. Unseres Erachtens mit Unrecht.

Gewiss müssten die Ufer mit Kanonen „gleichsam bespickt" sein, um diese faktische Herrschaft jederzeit ausüben zu können, jeden Einbruch gleich zu ahnden. Aber hat man denn jemals gezweifelt, ob eine Souveränetät in vergangenen Jahrhunderten, wo nicht jede Grenze besät war mit stehenden Heerlagern, vorhanden gewesen! Ludwig XIV. brauchte nur mit seinen Raubschaaren die Grenze zu überschreiten und das friedliche Holland war jeglicher Plünderung preisgegeben. Aber war Holland deshalb, weil es sich kriegerischer Grenzüberschreitungen erst mit Hülfe befreundeter Staaten, mit solchen Anstalten wie der Durchstechung seiner Dämme erwehren konnte, war Holland deshalb schon zu Friedenszeiten kein souveräner Staat?

Wir sehen, die Möglichkeit eines zeitweiligen Einbruchs in die Rechte des Souveräns vernichtet nicht den Begriff der Souveränetät und dass des weiteren die moderne Marine, bietet sie all ihre Hülfsmittel in Küsten- und Seeverteidigung auf, einen solchen schmalen Meeresgürtel dauernd beherrschen, jeden Einbruch in die Machtsphäre des Uferstaats sühnen kann, bedarf keiner Erörterung.

Des weiteren mangelt nach v. Bar's Ansicht dem Uferstaat die Möglichkeit, die in der Souveränetät liegenden Pflichten im Küstenmeer zu erfüllen. Aber sind denn diese Pflichten so drückend? Allerdings, der Schutz der Personen und des Eigentums, der Rechtsbeistand durch Richter und Notar auf einem das Küstenmeer passierenden Schiffe würde dem Uferstaat des besonderen Charakters jenes Gebiets wegen schwer fallen. Aber ermöglicht ihm nicht gerade jener besondere Charakter des Seegebiets diese Pflichten auf ein geringes Bruchteil zu reduzieren? Er braucht nur die Ausnahmestellung der das Küstenmeer passierenden Schiffe

---

[1] Bluntschli a. a. O. S. 166.

fremder Flagge anzuerkennen! Es bleibt ihm dann noch soviel an Souveränetät im Küstenmeer, wie er thatsächlich bedarf. In einer solchen durch die Umstände gebotenen Konzession bei der Ausübung seiner Souveränetät gegenüber fremden Schiffen vermögen wir nichts Abnormes zu erblicken. „Je vielseitiger sich die Verkehrsbeziehungen", sagt Heimburger[1]), „zwischen den einzelnen Staaten und ihren Unterthanen gestalten, je mächtiger das internationale Leben pulsiert, desto vielfacher müssen auch die Konzessionen werden, die der eine Staat dem anderen in der Ausübung seiner Souveränetätsrechte macht". — Wo aber pulsiert das internationale Leben mehr, wie auf jenem Teile des Meeres, den jedes Schiff durchschneiden muss, das in einen Hafen des Uferstaats gelangen will? Ist das Meer überhaupt doch gleichsam die gemeinsame Landstrasse der Völker, wo wird sich der Staat also mehr Fesseln anlegen müssen bei Ausübung seiner Souveränetät als in den von ihm beherrschten Meeresteilen? Thatsächlich wird diese Beschränkung allerdings häufig dazu führen, dass das Küstenmeer als Uebergangsstufe zwischen Inland und Ausland erscheint. Die Gebietshoheit des Uferstaats äussert sich eben schwächer wie im Inland und natürlich mehr wie im Ausland. Trotzdem ist sie dieselbe und es ist grundsätzlich falsch, wenn Perels und Heffter-Geffken[2]) vermeinen, die Rechte des Uferstants über das Küstenmeer im einzeln erschöpfend aufzählen zu können. Denn die Gebietshoheit des Uferstaats schliesst das Recht in sich, erforderlichenfalls sich morgen auf eine andere Weise zu bethätigen, wie heute.

An dieser Stelle unserer Arbeit genüge es, den prinzipiellen Streit über die rechtliche Natur der uferstaatlichen Herrschaft kurz beleuchtet zu haben. Zu welchen Konsequenzen unsere Anschauung für das internationale Recht führt, scheint uns zweckmässiger, im speziellen Teil dieser Arbeit zu untersuchen. Nur darauf mag hier noch hingewiesen werden, dass die rechtliche Natur des Küstenmeeres auch dafür ausschlaggebend ist, ob man dasselbe als eine species des zu Eingang definirten Territorialmeers im deutschen Sinne zu betrachten hat. Denn das Wort Territorialmeer bezeichnet schon, dass ein bestimmter Meeresteil als zum Staate gehöriges territorium gerechnet wird. Mithin kann nur der das Küstenmeer dem Territorialmeer einrechnen, der für die Ausdehnung der Gebietshoheit auf das Küstenmeer eintritt. That-

---

1) Heimburger a. a. O. S. 86.
2) Perels a. a. O. S. 42. Heffter-Geffken a. a. O. S. 167.

sächlich unterscheidet denn z. B. auch Stoerk scharf zwischen Küstenmeer und Territorialmeer. Nach der von uns vertretenen Auffassung von der Ausdehnung der uferstaatlichen Gebietshoheit auf den angrenzenden Meeresstrich müssen wir in diesem Punkte das Küstenmeer dem Territorialmeer einrechnen. Das schliesst jedoch nicht aus, dass für das, regelmässig nur für die **Durchfahrt** fremder Schiffe in betracht kommende Küstenmeer, besondere Rechtssätze gelten, die wir an anderer Stelle zu untersuchen haben.

§ 4. Die Lehre von den grösseren Buchten, Meerengen und Kanälen bis zu den Beschlüssen des Instituts für internationales Recht.

Streifen wir in Kürze zwei mit der Lehre vom Küstenmeer verwandte Rechtsfragen.

Zunächst ist darüber gestritten worden, ob grössere Baien den Rechtssätzen vom Küstenmeer unterliegen, oder ob auf sie wegen ihrer besonderen Natur besondere Normen angewandt werden müssen. Letzteres hat namentlich England schon vor Jahrhunderten behauptet und das Prinzip aufgestellt: alle Meeresteile zwischen zwei Landspitzen bis zu der diese Landspitzen verbindenden Linie müssen als Teil des uferstaatlichen Territoriums betrachtet werden. Diese britischen Ansprüche auf die sogenannten Kings oder Queens chambers, wie sich der Engländer gewöhnt hat, jene Meeresteile zu nennen, haben schon in des Albericus Gentilis Advocatio hispanica (1613), später namentlich durch Seldens: Mare clausum eine warme Verteidigung gefunden. Noch heute vertreten Phillimore, Kent, Wheaton, Twiss[1]) dieselbe Meinung. Kent beansprucht nach diesem Prinzip für die Vereinigten Staaten die Hoheit im Golf von Mexiko bis zu einer von Florida nach der Mississipimündung gezogenen Linie. (180 Seemeilen!).

Dagegen erscheint es noch bescheiden, wenn die Vereinigten Staaten schon 1793 ein Eigentum an der nur 15 Meilen breiten Delaware-Bay, England in einer Verordnung von 1872 ein Eigentum an der ebenso breiten Bay of Conception behaupteten.

Wer für eine solche Ausdehnung der Gebietshoheit des Ufer-

---

1) Phillimore a. a. O. I § 189 S. 225 nennt das Recht der engl. Krone unbestritten.

Kent a. a. O. S. 31 u. ff. sagt zwar „It is difficult to draw any precise or determinate conclusion", neigt jedoch zur Bejahung. — Wheaton a. a. O. S. 170.

Twiss a. a. O. I. § 177 S. 225 bejaht das Recht für Kriegszeiten.

staats eintritt, kann sich allerdings darauf stützen, dass hier die Gesichtspunkte nicht mit denen in der Frage des Küstenmeers identisch sind. Einmal bilden grössere Buchten nicht die Verkehrsstrassen für die seefahrenden Völker überhaupt, sondern höchstens für die, auf der Fahrt zu einem in jener Bucht liegenden Hafen befindlichen Schiffe. Die Freiheit dieser Buchten liegt also nicht so sehr im Interesse aller Völker, wie die des hohen Meeres. Ausserdem ist die thatsächliche Beherrschung eine wesentlich leichtere. Hier entscheidet nicht die Kanonenschussweite vom Ufer aus gerechnet. Denn wenn der Uferstaat in der Lage ist, von zwei vorspringenden Landzungen den Eingang der Bucht zu beherrschen, so ist er auch Herr der Bucht, mag die Breite derselben an andern Stellen über die doppelte Kanonenschussweite weit hinausgehen. Es ist demnach eine rein thatsächliche Frage, ob das Völkerrecht, die durchschlagende Kraft dieser Gesichtspunkte anerkannt hat.

Hier, wo es sich eigentlich um eine Abschweifung von unserm Thema handelt, mag es genügen kurz darauf hinzuweisen, dass die moderne Praxis der Staaten wie die Lehre der Wissenschaft sich diesen oft sehr weitgehenden Ansprüchen wenig geneigt gezeigt hat. Jenes von England aufgestellte Prinzip wird ausser von den oben erwähnten Autoren von den meisten übrigen bestritten[1]). Und bezeichnend für die Staatenpraxis ist es, dass jenes selbe England, für das ein Edikt König Jakobs I. von 1604 die Gebietshoheit über die kings chambers ausdehnte, sich in seiner Jurisdiktionsakte von 1878 (der sog. Territorial waters inrisdiction bill vgl. darüber das weiter unten Gesagte) auch hier auf die Dreimeilengrenze beschränkt hat.

Dennoch kann man nicht behaupten, dass der Staatenpraxis, mag sie auch jenes englische Prinzip nicht allgemein anerkennen, eine Ausdehnung der Gebietshoheit auf grössere Buchten völlig fremd sei. Nach dem Vorbild eines älteren englisch-französischen Vertrags über die Kanalfischerei, eines französischen Reglements vom 2. August 1839 und vom 24. Mai 1843, eines französischen Fischereigesetzes vom 1. März 1888, einer Bekanntmachung des britischen Handelsamts vom November 1868 enthaltend eine Anerkennung der Gebietshoheit des Norddeutschen Bundes in seinen Buchten, wurde in den schon erwähnten von allen betheiligten

---

1) u. A. Perels a. a. O. S. 41. Bluntschli a. a. O. S. 185. **Martens-Bergbohm** a. a. O. S. 383. Cussy a. a. O. S. 97.

Mächten unterzeichneten Haager Vertrag von 1882 über die Fischerei in der Nordsee folgende Bestimmung aufgenommen: art. II 2. Absatz: Pour les baies le rayon de trois milles sera mesuré à partir d'une ligne droite tirée en travers de la baie dans la partie la plus rapprochée de l'entrée, au premier point où l'ouverture n'excédera pas dix milles [1]).

Schon ehe dieser Vertrag abgeschlossen war, bezeichnete Perels [2]) den dort angenommenen Rechtssatz als gemeines Recht, während die andern Autoren keine allgemeine derartige Regel kennen. Dabei behauptet Perels aber, dass die Gerechtsame des Uferstaats sich hier lediglich auf ein ausschliessliches Fischerei-Recht beschränke, also wesentlich anderen Charakters sei, wie die Hoheit des Uferstaats über das Küstenmeer im engeren Sinne, obgleich jene Bekanntmachung des englischen Handelsamts beide völlig gleichstellt und in § 1 von beiden, Küstenmeer wie Buchten, sagt: „must be considered as under the territorial Sovereignity". Diese Stellungnahme von Perels ist uns völlig unverständlich. Die Rechtfertigung für die Ausdehnung der uferstaatlichen Gebietshoheit auf das angrenzende Meer erblickten wir in der Möglichkeit einer thatsächlichen Beherrschung auf Kanonenschussweite vom Ufer aus. Da diese Kanonenschussweite sich heute auf etwas mehr als 10 Seemeilen erstreckt, und eine Bucht ganz beherrscht werden kann, wenn ihr Eingang beherrscht wird, so ist es doch nur eine logische Schlussfolgerung zu sagen: soweit die Oeffnung der Bucht nicht über 10 Seemeilen Breite hinausgeht, soweit ist die Bucht als solche Staatsgebiet; da man jedoch vom Eingang der Bucht auch den nächsten Streifen des offenen Meeres beherrschen kann, so beginnt die Zone des eigentlichen Küstenmeers von jener die Bucht gleichsam abschliessenden Querlinie. — Könnte es nun einen Grund geben für die Behauptung, in dem Küstenmeer sei der Uferstaat Souverän, nicht aber in der Bucht? Wir finden keinen.

Wie die Frage der Baien und Buchten mit der Lehre vom Küstenmeer verwandt ist, so auch die der rechtlichen Natur der Meerengen. Doch auch hier sprechen wesentlich andere Momente mit, wie bei der Lehre vom Küstenmeer. Um nur eines hervorzuheben, selbst derjenige, der dem Uferstaat wie Bynkershoek und seine Anhänger [3]) das Recht zuspricht, in seinen Küstengewässern

---

1) Journal du droit int. privé. Bd. 10. 1883. S. 101.
2) Perels a. a. O. S. 33.
3) Vgl. einige ältere bei Harburger a. a. O. S. 13 zitierte Autoren.

fremden Schiffen die Fahrt zu verbieten, wird niemals das gleiche behaupten, falls das Küstenmeer nun zufällig eine Meerenge bedeckt und gleichsam die Brücke zwischen zwei Meeren bildet. Das wäre mit dem Prinzip der Meeresfreiheit ganz unvereinbar.

Demnach hat auch Lehre und Praxis der Ausdehnung der Hoheitsrechte auf die Meerengen ihre eigene Geschichte, auf die wir hier nicht einzugehen zu brauchen glauben¹). Begnügen wir uns auch hier damit kurz den Stand der Frage vor den Beschlüssen des Instituts für int. Recht zu kennzeichnen. Einig war man in der Unterscheidung zwischen kleineren Meerengen, die auf beiden Seiten von einem Uferstaat beherrscht nur für die nationale Schiffahrt in Betracht kommen (z. B. der Solent zwischen dem brit. Festland und der Insel Wight, der Alssund, der Fehmarcsund, der Kalmarsund und andere) und den Meerengen, die für die internationale Schiffahrt unentbehrlich. Erstere sehen wir anstandslos dem Territorialmeer eingerechnet²), letztere von der Mehrzahl der Autoren nach den Grundsätzen vom Küstenmeer behandelt, nur dass alle besonders betonen zu müssen glauben, dass hier die freie Schiffahrt unter keinen Umständen gehemmt werden dürfe, selbst wenn der Uferstaat das Recht dazu im sonstigen Küstenmeer hätte³). Vereinzelt hat man sogar geglaubt, um die freie Schiffahrt durch solche Meerengen zu retten, müsse man jegliche Gebietshoheit dem Uferstaat bestreiten⁴). Das hiesse aber dem Uferstaat ein schweres Unrecht zufügen, denn sein Schutzbedürfnis ist hier keineswegs geringer als im Küstenmeer. In dieser Hinsicht sagt Calvo, der sonst die Souveränetät des Uferstaats über die Meerengen leugnet: Cette liberté d'accès et de transit admet toute fois les restrictions inhérentes au droit de conservation des Etats sur les côtes desquels sont situés les détroits et lorsque la configuration des detroits oblige les navires qui les traversent à passer sous le feu des forts placés sur l'un ou l'autre bord, le souverain qui est maître de la côte a le droit incontestable d'en surveiller la navigation et de prendre surtout en temps de guerre les précautions, que la prudence et le soin de la sûreté peuvent rendre nécessaires.

---

1) Die neueste Untersuchung darüber giebt Godoy a. a. O. S. 26—34.
2) Perels a. a. O. S. 37. Martens-Bergbohm a. a. O. S. 101, Cauchy a. a. O. I. S. 42. Kaltenborn a. a. O. I. S. 345. Calvo a. a. O. I. S. 340.
3) Ausser den in Anm. 2 genannten auch Cussy a. a. O. I. S. 98. Stoerk a. a. O. S. 516.
4) Vgl. die bei Perels a. a. O. S. 88 Anm. 1 u. 2 zitierten.

Dem Rechte der Meerengen folgen auch die künstlichen Seeverbindungsstrassen [1]). Für beide ist heute übrigens verschiedentlich eine vertragsmässige Regelung der Rechtsverhältnisse an Stelle der gewohnheitsrechtlichen getreten [2]).

§ 5. Die Resolution des Instituts für internationales Recht über das Küstenmeer [3]).

Bei der grossen Zahl von Streitfragen, die sich an die Lehre vom Küstenmeer knüpfen, bei der Bedeutung dieser Materie namentlich in Kriegszeiten, ist es begreiflich, dass häufig der Wunsch geäussert ist, die Völker möchten durch freiwilliges Uebereinkommen eine einheitliche, gleiche, feste und sichere Norm darüber festsetzen. Nachdem sich schon die Association pour la reforme et la codification du droit des gens mit diesem Problem beschäftigt, wurde der Entwurf einer solchen Norm auf den Vorschlag des Londoner Advokaten Barclay 1888 zu Lausanne auf die Tagesordnung der nächsten Session des Instituts für internationales Recht gesetzt. Die zum Studium des Stoffes gewählte Kommission des Instituts bestand aus den Gelehrten Asser, Aubert, Barclay, Beirao, Brusa, Chrétien, Den Beer-Portugael, Desjardins, Feraud-Giraud, Geffken, Harburger, Hartmann, Heimburger, Holland, Jellinek, Kleen, Lueder, v. Martens, Martens-Ferrão, v. Martitz, de Montluc, More, Marquis d'Olivart, Olivi, Perels, Lord Reay, Renault, Stoerk, Strisower, S. Travers Twiss und Westlake. Als Berichterstatter war Renault gewählt. Die Mehrzahl der Genannten war auf dem Hamburger Kongress von 1891 anwesend. In zwei Plenarsitzungen am 8. und 10. Sept. beschäftigte sich das ganze Institut unter dem Vorsitze von v. Bar mit dieser Frage. Schliesslich wurde beschlossen, das Thema zur abermaligen Verhandlung auf die Tagesordnung des nächsten Kongresses zu setzen. Derselbe trat im September 1892 zu Genf zusammen. Dort hatte

---

1) Godoy a. a. O. S. 35—50 will dem nicht in dieser Allgemeinheit zustimmen und widmet den Seekanälen eine besondere Betrachtung.

2) Konvention von London 1841. Pariser Vertrag vom 30. März 1856. Vertrag von London vom 13. März 1871. Berliner Vertrag von 1878, sämmtlich über Bosporus und Dardanellen Bestimmungen enthaltend. Traktat von Kopenhagen 1857 über Sundzoll. Konstantinopeler Erklärung vom 28. Okt. 1888 über Suezkanal u. andere mehr.

3) Annuaire de l'Institut Bd. 11 von 1892 S. 133—150, Bd. 12 S. 101—151, Bd. 13 S. 125—161, ebenda S. 281—331.

sich zunächst die Kommission mit drei ausführlich begründeten Projekten in dieser Sache zu befassen, die von Barclay, der an Stelle des Berichterstatters Renault getreten war, Kleen und Aubert herrührten. Das Ergebnis der Kommissions-Verhandlungen war ein Mehrheits-Beschluss, der die wichtigste Frage, die der Ausdehnung des Küstenmeers, ebenso die vielumstrittene Frage der Meerengen offen liess. Mit Recht wurde deshalb in der Plenarsitzung des Insitituts am 10. Sept. 1892 unter dem Vorsitz von Moynier die endgültige Entscheidung abermals bis zum nächsten Kongress des Instituts versagt. Derselbe tagte 1894 zu Paris. Dort hielt zunächst die Kommission abermals 3 Sitzungen über diese Frage ab, alsdann beschäftigte sich die Plenar-Versammlung unter dem Vorsitz von Renault am 28., 29. und 31. März mit der Beratung über eine von der Kommission vorgeschlagene Resolution. Am 31. März wurde dieselbe mit einigen Aenderungen vom Plenum im einzeln wie im Ganzen angenommen.

Soweit die äussere Geschichte jener Resolution. Im Rahmen dieser Arbeit müssen wir es uns leider versagen auf den Werdegang jedes einzeln Satzes der Resolution einzugehen. Wir wenden uns deshalb gleich dem Beschluss selbst zu. Sein mühsames Zustandekommen bürgt für seinen wohldurchdachten Gehalt.

Artikel I. definirt das Recht des Uferstaats am Küstenmeer mit den Worten: „l'État a *un droit de souveraineté* sur une zone de la mer qui baigne la côte, sauf le droit de passage inoffensif réservé à l'article V." Diese etwas unbestimmtere Fassung wählte man bei der Schlussredaktion der Resolution. Im Entwurf derselben hiess es: L'état *est* souverain sur une zone ... Immerhin neigt doch auch der abgeänderte Ausdruck des Artikels I dazu, die volle Souveränetät des Uferstaats anzunehmen, indem der Nachsatz das Recht der Souveränetät nur in einem Punkte beschränkt. Das heisst die Rechte des Uferstaats, wie wir sie an anderer Stelle zu begründen versuchten, voll anerkennen und doch alle gefährlichen Konsequenzen dieser Anerkennung gleichzeitig ausschliessen. Während dieser erste Artikel so dem Boden der herrschenden Lehre entsprossen, enthält der zweite ein ganz neues Prinzip: „La zone de mer territoriale" (diese Bezeichnung des Küstenmeers nach französischem Sprachgebrauch wurde leider beibehalten) s'étend à six milles marins (60 au degré de latitude) de la laisse de basse marée sur toute l'étendue des côtes." Damit hat man die Dreimeilengrenze als völlig unzureichend verworfen. Von der Erwägung ausgehend, dass in Friedenszeiten sicherlich kein Bedürfnis vorliege, die staatliche Verwaltung auf die heute so grosse Kanonenschussweite auszudehnen, hat man auch diese Grenze fallen gelassen, um die bisher meist gebräuchliche Dreimeilenzone auf das Doppelte zu erhöhen. Die einzige gefährliche Konsequenz dieses Rechtssatzes, nämlich die Gefahr, dass bei einem Kampfe jenseits dieser Zone im offenen Meere in folge der heutigen Kanonenschussweite die Wirkungen des Kampfes sich noch mehrere Seemeilen weit ins Innere des Landes erstrecken könnten, schneidet der Artikel IV der Resolution ab. Derselbe lautet: „En cas de guerre, l'État riverain neutre a le droit de fixer par la declaration de neutralité ou par notification speciale sa zone neutre au delà de six milles jusqu'à portée des canons des côtes." Unseres Erachtens liegt in dieser Unterscheidung zwischen einer Souveränetätszone in Friedenszeiten und einem, dem Schutzbedürfnis des Neutralen im Seekrieg entsprechenden weiteren Neutralitätsseegebiet ein grosser Fortschritt. Den fruchtbaren Gedanken für Frieden und Krieg, wo doch die Bedürfnisse des Uferstaates so verschieden, dergestalt auch zwei verschiedene Seegrenzen zu schaffen, verdankt die Wissenschaft v. Martens und schon in der oben erwähnten Sitzung vom 10. Sept. 1891 bekannte sich Renault als Anhänger desselben. — Bei der Begrenzung des Küstenmeers zum Lande hin stellt sich der art. II mit Recht auf den Standpunkt des Haager Vertrags und betrachtet den niedrigsten Ebbestand als die entscheidende Linie.

Hinsichtlich der Bestimmung der Rechtsverhältnisse der Buchten hielt man sich mit einer der veränderten Kanonenschussweite entsprechenden unbedeutenden Aenderung an das bewährte Prinzip des Haager Vertrags. Artikel III der Resolution sagt darüber: „Pour les baies la mer territoriale suit les sinuosités de la côte, sauf qu'elle est mesurée a partir d'une ligne droite tirée en travers de la baie dans la partie la plus rapprochée de l'ouverture vers la mer, où l'écart entre les deux côtes de la baie est de douze milles marins de largeur à moins qu'un usage continu et séculaire n'ait consacré une largeur plus grande. Einen zweiten Absatz dieses Artikels im Entwurf, der für die Buchten das Recht der freien Durchfahrt ausschliessen wollte, hat das Plenum des Instituts mit Recht verworfen. Die Buchten sind also hierin dem eigentlichen Küstenmeer völlig gleichgestellt. Der art. V der Resolution handelt speciell von diesem Recht der freien Durchfahrt und kennt nur eine gerechtfertigte Einschränkung für dasselbe im Kriegsfall. Er lautet: „Tous les navires sans distinctions ont le droit de passage inoffensiv par la mer territoriale, sauf le droit des belligérants de réglementer et dans un but de defense, de barrer le passage dans la dite mer pour tout navire et sauf le droit des neutres de reglementer le passage dans la dite mer pour les navires de guerre de toutes nationalités.

Die letzten Artikel der Resolution des Instituts beschäftigen sich dann mit den Meerengen. Besondere Rechtssätze sollen jedoch nur für sie gelten soweit sie weniger als 12 Seemeilen breit sind. Das besagt art. X mit folgenden Worten: „Les dispositions des articles précédents s'appliquent aux détroits, dont l'écart n'excède par douze milles sauf les modifications et distinctions suivantes," und führt dann fort: „Les détroits donc les côtes appartiennent à des États différents font partie de la mer territoriale des États riverains qui y exerceront leur souveraineté jusqu'à la ligne médiane. Les detroits donc les côtes appartiennent au même État et qui sont indispensables aux communications maritimes entre deux ou plusieurs États autres, que l'État riverain font toujours partie de la mer territoriale du riverain, quelque soit le rapprochement des côtes. Les détroits qui servent de passage d'une mer libre à une autre ne peuvent jamais être fermés. Artikel XI fügt noch den Schlusssatz hinzu: Le regime des détroits actuellement soumis à des conventions ou usages spéciaux demeure reservé [1]).

Im Dezember 1895 hat die Regierung der Niederlande eine Kollektivnote an die Mächte gerichtet, in welcher sie zu einem internationalen Uebereinkommen auf Grund der Resolution des Instituts über das Küstenmeer auffordert [2]). In einem Punkte ist dabei jene Resolution wesentlich abgeändert. Die Note schlägt nämlich vor, auch für die zweite Neutralitätszone eine feste Meilengrenze zu bestimmen, gleichzeitig soll diese Zone für den Kriegsfall obligatorisch werden. Unseres Erachtens liegt in dieser Abänderung kein Fortschritt. Den Uferstaat zu zwingen, in Kriegszeiten seine Neutralität vielleicht bis auf 20 km von der Küste auszudehnen, heisst ihm Lasten aufbürden, denen er in zahlreichen Fällen nicht gewachsen sein wird und die ihn in die unerquicklichsten Verwicklungen mit den Kriegführenden bringen können. Denn mit dem Recht einer räumlich so ausgedehnten Neutralität übernähme der Uferstaat doch alle Pflichten derselben. Des wei-

---

1) Diejenigen Rechtssätze der Resolution, welche die von uns noch nicht berührte Streitfrage über die Jurisdiction des Uferstaats in ihrem Verhältnis zu fremden Schiffen im Küstenmeer betreffen, haben wir hier übergangen, um sie im Zusammenhang mit jener Streitfrage besprechen zu können.

2) Mitgetheilt von Godey a. a. O. S. 24. Welche Beantwortungen diese Note erfahren hat, haben wir leider nicht feststellen können.

tern erscheint uns der Vorschlag einer festen Meilengrenze für solche Neutralitätszone unthunlich. Die Neutralität des Küstenmeers soll doch eben dazu dienen, den Uferstaat vor der Ausdehnung der Wirkungen eine Kriegsaktion zur See auf sein Gebiet zu sichern. Dieses Schutzbedürfnis des Uferstaats reicht soweit wie die Geschosse der Kämpfenden. Wollte man also auch heute durch ein Uebereinkommen die Neutralitätszone für etwaige Kriegsfälle entsprechend der Kanonenschussweite unserer Tage gestalten, so würde diese Bestimmung bei den stetigen Fortschritten der Geschütztechnik in dem Augenblick wo sie praktisch würde d. h. im Kriegsfall auch schon veraltet sein und den Bedürfnissen des Uferstaats nicht gerecht werden. Es ist also den gemeinsamen Interessen der Völker wesentlich mehr mit dem Vorschlag des Instituts gedient, die Ausdehnung der Neutralitätszone dem freien Ermessen der einzeln Staaten bei eingetretenen Kriegsfall zu überlassen und vorläufig nur in der Kanonenschussweite ein rationelles maximum zu begründen, dass der Uferstaat unter keinen Umständen überschreiten darf.

Ebensowenig wie mit den Abänderungen der Resolution durch jene Note sind wir mit der abfälligen Kritik einverstanden, welche in jüngster Zeit der französische Autor Godey in seiner schon mehrfach erwähnten Monographie über das Küstenmeer an jenen Beschlüssen des Instituts geübt hat. Einmal bestreitet er die thatsächliche Möglichkeit einer Beherrschung des Küstenmeers auf Kanonenschussweite und ist infolge dessen gegen die Bildung einer so ausgedehnten Neutralitätszone. Dem ist jedoch entgegenzuhalten, dass nach dem Vorschlag des Instituts der Uferstaat ja nicht gezwungen sein soll, seine Neutralität soweit auszudehnen. Ihm ist die Prüfung überlassen, wie weit er im stande ist, die Neutralität seines Küstenmeers zu behaupten und danach seine Grenzen zu bestimmen. Kommt er bei dieser Prüfung zu der Einsicht, die Kanonenschussweite passt für ihn als Grenze nicht, so kann er seine Grenzen enger ziehen und wird es bei einiger Einsicht auch thun. Andrerseits liegt gar keine absolute Unmöglichkeit vor, dass ein Staat, der ausgezeichnete Küstenverteidigungsanlagen besitzt, deren Wirkung er durch seine Seestreitkräfte unterstützen kann, mit Hülfe derselben das Küstenmeer thatsächlich bis zur Kanonenschussweite beherrscht und somit seine Neutralität aufrecht erhält.

Wenn Godey dann des weiteren betont, die Bildung einer ausgedehnten Neutralitätszone in Fällen des Seekriegs beschränke den Kriegsschauplatz zu sehr, so möchten wir darin gerade einen

Fortschritt sehen. Denn an und für sich bedeutet der Seekrieg, dessen Schauplatz das von jedermann benutzte Meer ist, eine weit grössere Gefährdung für die Neutralen, als der Landkrieg, der sich in seinen unmittelbaren Wirkungen doch auf die Staatsgebiete der Kriegführenden beschränkt. Es kann also nur im Interesse der Neutralen liegen, wenn durch eine Ausdehnung ihrer Neutralitätszone sie dort wenigstens vor Verletzungen durch einen Kampf, an dem sie nicht beteiligt, bewahrt bleiben. Für die Kriegführenden kann allerdings eine solche Beschränkung des Kriegsschauplatzes Nachteile im Gefolge haben, sie werden vielleicht an einem Orte auf Unternehmungen verzichten müssen, der ihnen besonders günstige Aussichten auf Erfolge bietet. Godey meint deshalb, die Kriegsparteien würden in einem solchen Falle Mächten zweiten Ranges gegenüber von der erklärten Neutralität jener Zone gar keine Notiz nehmen! Gewiss ist es hier wie sonst möglich, dass ein Staat sich über einen anerkannt geltenden Rechtssatz des Völkerrechts hinwegsetzt, aber pflegen wir sonst der Möglichkeit wegen, dass ein Einzelner einem Rechtssatz zuwiderhandelt, auf diesen Rechtssatz zu verzichten? Müssen wir nicht vielmehr, wenn anders wir an einem eigentlichen Völkerrechte festhalten wollen, völlig davon absehen, ob seine einzeln Rechtssätze nun wie im bürgerlichen Rechte nötigenfalls mit Hülfe einer höheren Gewalt zwangsweise durchgeführt werden können! Wir meinen, die Geschichte des Völkerrechts spricht dafür, dass überall die Ueberzeugung durchdringt: „es liegt ein gemeinsames internationales Interesse vor, im Kriege Rechte Dritter auch dann zu achten, wenn diese Rücksicht eine Preisgabe des eigenen Interesses erfordert". Wer das verneinen wollte, würde jegliches Recht der Neutralität illusorisch machen.

Vollends unverständlich ist es nun, wenn Godey die durch das Institut vorgeschlagenen Grenzen für das Küstenmeer verwirft, um an ihre Stelle die Schweite, den Horizont eines am Ufer stehenden Menschen zu setzen. Das heisst zunächst mit allem Bestehenden brechen. Denn thatsächlich kennt die Geschichte des Völkerrechts nur eine einzige Anwendung dieses Prinzips und zwar in einer Ordonnanz Philipps II. von Spanien! Gleichwohl nimmt Godey keinen Anstand, dasselbe consacré dans la pratique zu nennen. Schon Bynkersboek hat diesen Grundsatz einer vernichtenden Kritik unterzogen: „Verum et nimis laxum est", ruft er aus[1]), „vagumque vel utique non satis certum: an enim quo

---

1) Bynkersboek a. a. O. cap. II.

longissime patet prospectus idque ex qualibet terra, litore, arce, urbe, an quo quis nudis oculis prospicit? an quo quis cernit acutus? sane non quo acutissimi . . . . apud veteres memorantur qui ex Sicilia Carthaginem viderunt. Anfangs unseres Jahrhunderts ist dann Gérard de Rayneval noch einmal für diese Berechnung der Grenze eingetreten [1]), aber niemand ist ihm in der Theorie oder Praxis bis auf unsere Tage gefolgt. Godey blieb es vorbehalten zu entdecken, dass diese Grenze die sicherste und gleichbleibendste sei. Allen Argumenten, die beweisen, wie verschieden der Horizont sei, je nach dem Standpunkt der betreffenden Person, begegnet er damit, dass er vorschlägt, man solle das Meer betrachten von einem Standpunkt 10 m über dem Meeresspiegel. Dann könne man gerade 6 Seemeilen weit sehen. Optische Instrumente würden diese Sehweite nicht ausdehnen, sondern nur das Bild näher vor Augen führen. Aber warum, fragen wir, soll der Beschauer nicht auf einen 20 m hohen Turm steigen, wenn die Seeweite doch von Türmen aus berechnet werden soll? Vielleicht würde sich dann eine eben so gerade aber grössere Zahl wie 6 ergeben, man würde vielleicht 10 Seemeilen weit sehen können! Wir sehen, es fehlt dem Gedanken von Godey an jeder logischen Begründung, und glauben deshalb ihn nicht weiter erörtern zu sollen.

Erscheint die an den Beschlüssen des Instituts geübte Kritik solcher Gestalt sachlich ungerechtfertigt, so dürfen wir andrerseits nicht übersehen, dass es sich bei jener Resolution immerhin nur um einen Vorschlag handelt, und der oben dargelegte Rechtszustand in der Frage des Küstenmeers durch denselben nicht geändert werden konnte.

Nachdem wir uns über historische Entwicklung der Lehre vom Küstenmeer, die Ausdehnung dieses Meeresstriches, sowie den Charakter der uferstaatlichen Herrschaft klar geworden, glauben wir uns nunmehr der speziellen Untersuchung des für das Küstenmeer geltenden Rechts zuwenden zu können.

---

1) Gérard de Rayneval, zitiert bei Godey a. a. O. S. 18.

Besonderer Teil.

I. Das Küstenmeer im Frieden.

§ 6. Die Pflichten des Uferstaats.

Betrachten wir zunächst die Wirkungen, welche die Gebietshoheit des Uferstaats über das Küstenmeer, die wie die Gebietshoheit über jeden andern Teil seines Territoriums auf dem spezifisch völkerrechtlichen Rechtsgrunde der internationalen Anerkennung beruht, in Friedenszeiten dort äussern wird. Wegen des besondern vom Landgebiet sehr verschiedenen Charakters des staatlichen Herrschaftsgebiets zur See sind diese Wirkungen wesentlich eigener Art. Das gilt von den Pflichten wie von den Rechten des Uferstaats im Küstenmeer. Die erste Verpflichtung des Uferstaats ist die Duldung der friedlichen Schiffahrt seitens fremder Schiffe ohne Unterschied ihrer Bestimmung. Diese Verpflichtung lastet auf dem Küstenmeer als eine völkerrechtliche Servitut. Wenn der englische Lordkanzler Cairns, als er die Territorial waters iurisdiction Bill einbrachte, behauptete, die Schiffahrt im Kanal an der englischen Küste sei nur eine Konzession des englischen Staates, so widersprach er damit einem eigentlich seit Hugo Grotius in der Praxis der Völker wie der wissenschaftlichen Lehre herrschenden Rechtssatz. Diese Anschauung, der Uferstaat könne fremden Schiffen die friedliche Durchfahrt verbieten, widerspricht der natürlichen Bestimmung des Meeres. Sie wird deshalb allgemein verworfen. Nur zweierlei glauben wir besonders hervorheben zu müssen. Einmal darf der Uferstaat keinerlei Abgaben für diese Duldung erheben[1]), auch wenn er seinerseits für Sicherheitsanstalten im Küstenmeer bedeutende Aufwendungen macht. Eine Vergütung für solche liegt in der Abgabenfreiheit der Schiffe des Uferstaats in fremden Meeren. Ferner darf der Uferstaat keinen Unterschied in bezug auf die Durchfahrt zwischen fremden Handels- und Kriegsschiffen machen. Auch letztere haben das Recht der freien Durchfahrt. Natürlich muss es sich nur um passage inoffensiv handeln, wie der schon an anderer Stelle wiedergegebene Art. V der Resolution des Instituts sich ausdrückt. Wie der Uferstaat das Recht hat,

---

1) Twiss a. a. O. S. 258.

fremden Kriegsschiffen die Einfahrt in seine Häfen zu verweigern oder deren Zahl zu beschränken, weil er sich durch sie in seiner Sicherheit bedroht fühlt, so werden diese Rechte auch auf das Küstenmeer Ausdehnung finden müssen, sobald dort mehr wie blosse Durchfahrt in Frage kommt. Niemand wird den Uferstaat zwingen wollen, zu dulden, dass Kriegsschiffe eines fremden Staates, mit dem der Uferstaat vielleicht in diplomatische Verwicklungen geraten ist, nun in gefahrdrohender Anzahl in seinem Küstenmeer sich festlegen oder kreuzen, um bei Ausbruch eines Krieges gleich mit ihren Aktionen beginnen zu können.

Politische Erwägungen haben verschiedentlich dahin geführt, das Recht der freien Durchfahrt der Kriegsschiffe für bestimmte Meere vertragsmässig auszuschliessen. So bestimmt art. 29 des Berliner Vertrags vom 13. Juli 1878, der Hafen von Antivari wie alle zu Montenegro gehörigen sollten den Kriegsschiffen aller Nationen verschlossen sein. Ebenso hatte art. 11 u. 12 des Pariser Vertrags vom 30. März 1856 das schwarze Meer für neutral erklärt und allen Kriegsschiffen den Verkehr dort verboten. Diese Neutralität des Schwarzen Meeres wurde zwar, nachdem sich zuerst Russland am 31. Okt. 1870 davon losgesagt, durch den Londoner Vertrag vom 13. März 1871 wieder aufgehoben, aber durch den letzten Vertrag erkannten die Mächte ausdrücklich an, dass Bosporus wie Dardanellen fremden Kriegsschiffen verschlossen seien. Nur sollte der Sultan das Recht haben, die Meerengen der Durchfahrt für Kriegsschiffe befreundeter Mächte freizugeben, wenn solches zur Ausführung des Pariser Vertrags von 1856 erforderlich.

Soweit die freie Durchfahrt. Die zweite Pflicht des Uferstaats in seinem Küstenmeer lässt sich nicht so bestimmt formulieren, wir meinen die völkerrechtliche Verpflichtung des Küstenstaats zur Sicherung der Schiffahrt. Es liegt auf der Hand, dass man zu jenen Zeiten, wo am Sonntag Prediger und Gemeinde den Himmel um ein günstiges Ergebnis ihres Strandrechts baten, sich dieser Verpflichtung jedenfalls nicht bewusst gewesen ist. Eine höhere Einsicht lehrte die Völker, dass ihr übereinstimmendes Interesse nicht in der rücksichtslosen Ausbeutung fremden Unglücks, sondern der thunlichen Verhütung solcher Unglücksfälle bestehe. Heute hat der Präsident der Vereinigten Staaten die Ermächtigung in Jahreszeiten, die der Schiffahrt besonders gefährlich sind, Kreuzer nur zu dem Zwecke auszusenden, um Schiffen ohne Unterschied der Nationalität in amerikanischen Gewässern beizustehen. Zur Erfüllung des gleichen Zwecks unterhalten Chile und Argentinien besondere Staatsschiffe in der Strasse von Magellan, bzw. an den Küsten des Feuerlandes. Die deutsche Gesellschaft zur Rettung Schiffbrüchiger opfert alljährlich bedeutende Summen, um durch die denkbar besten Anstalten Schiffbrüchigen in deutschen Gewässern zu Hülfe zu kommen; alle Kulturstaaten der heutigen Welt suchen durch Leuchttürme und andere Vorkehrungen in ihren Gewässern die Gefahren der Schiffahrt möglichst zu mindern.

Im Jahre 1894 wurde auf dem Pariser Kongress des Instituts vorgeschlagen, die **Verpflichtung** des Uferstaats auszusprechen, in seinen Gewässern die notwendigen Vorkehrungen zur Sicherung der Schiffahrt zu treffen. Wohl mit Recht wandte Strisower gegen diesen Vorschlag ein, die Anerkennung einer solchen völkerrechtlichen Verpflichtung würde unliebsame Folgen haben. Jeder Rheder, dessen Schiff an einer ihrer Natur nach besonders gefährlichen Küste untergegangen ist, würde von dem Uferstaat Ersatz verlangen, mit der Behauptung, die Sicherheitsmassregeln an jener Küste seien völlig unzureichend. Namentlich Mächte zweiten Ranges könnten dann durch diplomatischen Druck zur Zahlung bedeutender Summen genötigt werden. Dazu lehrt die Erfahrung, dass es unter den Kulturnationen keines gegenseitigen Zwanges zur Errichtung uferstaatlicher Schutzanstalten für die Schiffahrt im Küstenmeer bedarf. Denn ebenso wie die fremden Schiffe geniessen doch vorzüglich auch die einheimischen den Schutz solcher Vorrichtungen. Wo der Uferstaat aber nicht in der Lage ist, die erforderlichen Anstalten zu treffen, bedarf es nur des Zusammenwirkens der civilisierten Mächte, wie es die Geschichte bei der Errichtung des Leuchtturms am marokkanischen Kap Spartel zum ersten Male zu diesem Zwecke gesehen [1]. Wir haben es bei der erörterten Pflicht des Uferstaats also gleichsam mit einer naturalis obligatio zu thun, die in den ethischen Anschauungen der Gesellschaft der Staaten wurzelt und allgemein beachtet wird, ohne dass ihre Nichtbeachtung die strengen Rechtsfolgen der Nichterfüllung einer eigentlichen Obligation nach sich zöge.

Das Institut ist Strisower in der Ablehnung jenes Vorschlags gefolgt.

---

[1] Den Wunsch einer Verständigung der Kulturstaaten für alle Fälle solcher Art sprach auf Vorschlag von S. Travers Twiss im August 1879 die association pour les reformes et la codifications du droit des gens zu London aus.

§ 7. Die Rechte des Uferstaats im Küstenmeer.

Gewährt die staatliche Gebietshoheit auf dem Lande eine Aneignungsbefugnis herrenlosen Grund und Bodens, so erscheint ein solches Recht im Küstenmeer ausgeschlossen. Mit ihm zahlreiche andere Ausflüsse der Gebietshoheit. Dennoch äussert sich letztere in mannigfacher Weise.

An erster Stelle sei das Recht des Uferstaats auf ausschliesslichen Betrieb der **Küstenfrachtfahrt** für nationale Schiffe genannt. Die von den einzeln Uferstaaten hierfür aufgestellten Rechtssätze weichen wesentlich von einander ab. Holland, Belgien, England, Brasilien, China und Japan machen überhaupt keinen Gebrauch von dieser Befugnis; Dänemark, Spanien, Italien, Griechenland und Schweden geben die Küstenfrachtfahrt unter der Bedingung der Gegenseitigkeit frei, Portugal, Frankreich, Norwegen, Russland und die Vereinigten Staaten behalten sie ihren Unterthanen vor. Ebenso das deutsche Reich in einem Spezialgesetz vom 22. Mai 1881, dessen erster Paragraph zugleich folgende Definition der Küstenfrachtfahrt giebt: „Das Recht Güter in einem deutschen Seehafen zu laden und nach einem andern deutschen Seehafen zu befördern steht ausschliesslich deutschen Schiffen zu". Dasselbe Gesetz kennt jedoch eine vertragsweise Einräumung dieses Rechtes an die Angehörigen anderer Staaten.

Von besonderer Wichtigkeit für die Küstenbewohner ist das Recht auf den ausschliesslichen Betrieb der **Küstenfischerei** durch Inländer. Verträge über die gegenseitige Einräumung derselben gehen bis ins 15. Jahrhundert zurück. Heute ist das Recht vertragsmässig vielfach auf die Dreimeilenzone beschränkt, namentlich durch den oben erwähnten Haager Vertrag vom 6. Mai 1882. Ausser den diesem Vertrage beigetretenen Mächten haben sich auch Russland und Norwegen die Fischerei in ihrem Küstenmeer vorbehalten, während Italien nur von Fremden Bezahlung eines Patentes fordert und die Vereinigten Staaten, Griechenland, Portugal und die Niederlande fremden wie einheimischen Schiffen die Küstenfischerei gestatten.

Sind durch diese beiden Befugnisse vorwiegend die Interessen der Küstenbewohner geschützt, so liegt die Ausübung der **Schifffahrtspolizei** durch den Uferstaat auch wesentlich im Interesse der fremden auf der Fahrt befindlichen Schiffe. Deshalb sind sie derselben völlig unterworfen. Art. VIII der Resolution des Instituts sagt darüber: „Les navires qui traversent les eaux territoriales se conformeront aux règlements spéciaux édictés par l'État riverain dans l'intérêt et pour la sécurité de la navigation et pour la police maritime". Zu solchen Verordnungen gehören die Vorschriften der deutschen Not- und Lootsen-Signalordnung für Schiffe auf See und auf den Küstengewässern, ebenso die Vorschriften über Seezeichen zur Verhütung des Zusammenstossens von Schiffen, wie über das Verhalten für Schiffer nach einem Zusammenstosse, endlich auch das deutsche Gesetz vom 27. Juli 1877 über Untersuchung von Seeunfällen. Als Ausfluss der uferstaatlichen Schiffahrtspolizei möchten wir auch die deutsche Strandungsordnung vom 17. Mai 1874 bezeichnen[1]). Der internationale Telegraphenvertrag vom 14. März 1884 überlässt dem Uferstaat auch den Schutz der unterseeischen Kabel in seinem Küstenmeer. Ein englisches Gesetz vom 5. August 1885, ein griechisches Gesetz vom 9. Dez. 1885, ein italienisches Gesetz vom 1. Januar 1886, ein französisches Gesetz vom 20. Dez. 1884 und Rundschreiben vom 22. April 1888 enthalten dementsprechende Bestimmungen[2]).

Wenn der Uferstaat das Recht hat, innerhalb seiner Gewässer den Schiffsgruss zu regeln und den ersten Salut für seine Flagge zu verlangen, so hat das heute nur noch geringe Bedeutung. Anders früher, wo einzelne Völker diesen Gruss auf weiteren Meeren verlangten, um dadurch ihr Eigentum an denselben zum Ausdruck zu bringen.

Ein wichtigerer Ausfluss der uferstaatlichen Gebietshoheit ist das Recht auf die Zollpolizei. Schon bei der Begründung für eine Ausdehnung der staatlichen Gebietshoheit auf das Küstenmeer haben wir gesagt, dass die Kontrolle zur Durchführung des heimischen Zollsystems sich notwendig auf das Küstenmeer erstrecken muss, um vollwirksam zu werden. Diese Kontrolle schliesst das Recht zum Betreten und Aufhalten eines des Schmuggels verdächtigen Schiffs zur Durchsuchung und Beschlagnahme seiner Ladung in sich. Weil sich der Dreimeilengürtel für diesen Fall als völlig unzureichend erwies, dehnen die meisten Staaten ihre Zollmassregeln weit über denselben aus, Frankreich z. B. auf deux myriamètres (11 Seemeilen), die Vereinigten Staaten (bis vor kurzem auch England) bis auf 12 Seemeilen. Nach Perels[3]) können derartige Festsetzungen keinen Anspruch auf Anerkennung seitens

---

1) Ueber die verwandten Bestimmungen des R.H.G.B. siehe unten.
2) Vgl. auch das deutsche Ausführungsgesetz zu diesem Vertrage vom 21. Nov. 1887. R.G.Bl. 1888 S. 151 u. R.G.Bl. 1888 S. 169.
3) Perels a. a. O. S. 29.

fremder Schiffe erheben. Thatsächlich handelt es sich jedoch, wie Stoerk[1]) mit Recht betont, um ein- bis zweihundertjährige Rechtsausübungen, gegen die niemals ein Widerspruch eingelegt ist. Unseres Erachtens wäre ein solcher Widerspruch auch nur möglich, wenn die Kontrolle seitens des Uferstaats in einem Meeresteile vorgenommen würde, der unbestritten offenes Meer, also jenseits der Kanonenschussweite. Letztere mag heute aber schon 12 Seemeilen (22 km) betragen.

In einer Einigung der Staaten über Annahme einer festen Meilengrenze für das Küstenmeer würde ein Verzicht auf die weitergehende Ausübung der Zollkontrolle zu erblicken sein; wenigstens will der Vorschlag des Instituts jede uferstaatliche Hoheitsausübung auf die Sechsmeilenzone beschränken; immerhin könnten sich aber jene Uferstaaten ihre alten Rechte auf diesem Gebiet, auf die sie nicht leicht verzichten werden, vorbehalten.

Zu grosser Bedeutung ist neben der Zoll- in unserm Jahrhundert die Gesundheitspolizei gelangt. Auch auf diesem Gebiete darf der Staat seine Schutzmassregeln auf das Küstenmeer ausdehnen. Eine gleichförmige Regelung des Quarantänewesens ist von vier Kongressen vergeblich versucht worden, vorläufig bleibt die Ordnung also noch den einzelnen Staaten überlassen. Nach einem englischen Gesetz (26 Geo II.) soll jedes Schiff, das aus einem verseuchten Hafen kommend, sich auf 12 Seemeilen der englischen Küste nähert, ein Quarantänesignal geben. Perels betrachtet diese Anordnung als völlig unverbindlich. Wir möchten ihre Gültigkeit von der heutigen Kanonenschussweite abhängig machen.

Die Verwaltungsbefugnisse des Küstenstaates würden inhaltlos sein, wollte man ihm nicht auch das Recht zugestehen, Verletzungen der von ihm für das Küstenmeer aufgestellten Rechtsnormen zu ahnden. Thatsächlich hat man ihm die zu diesem Zwecke erforderliche Jurisdiktionsgewalt denn auch immer zugestanden. § 296a R.St.G.B. droht Ausländern, welche in deutschen Küstengewässern unbefugt fischen, Geldstrafe bis 600 Mk., Gefängnis bis 6 Monat, auch Einziehung der Fanggeräte und eventuell der schon gefangenen Fische an. Ebenso bedroht § 3 des oben erwähnten Gesetzes über die Küstenfrachtfahrt die Führer eines ausländischen Schiffes, das unbefugt Küstenfrachtfahrt betreibt, mit Geldstrafe bis 3000 Mk. Aber auch diejenigen Bestimmungen des R.St.G.B., die wie § 145 Strafen für Nichtachtung kaiserlicher Verordnungen

---

1) Stoerk a. a. O. S. 478.

zur Verhütung des Zusammenstosses der Schiffe auf See u. s. w. enthalten, sind ohne weiteres auf fremde Schiffe im Küstenmeer anwendbar, obgleich nicht wie jene andern speziell für Ausländer erlassen. Streitig ist nur, ob die Jurisdiktions- und Polizeigewalt des Uferstaats über jene zur Durchführung der staatlichen Verwaltungsmassregeln wie des ausschliesslichen Rechts auf Küstenfischerei und Frachtfahrt hinausragt, — mit andern Worten, ob ein auch vorübergehender Eintritt fremder Schiffe in das Küstenmeer eines Uferstaats dieselben ohne weiteres der Jurisdiktion, den Privat- und Strafgesetzen dieses Uferstaates in allen Beziehungen unterwirft, und ob sich die Geltung der uferstaatlichen Rechtssätze überhaupt auf das Küstenmeer erstreckt.

Lassen wir die schwierige Frage der Rechtsstellung fremder Schiffe im Küstenmeer einstweilen aus dem Kreis unserer Betrachtung und beschäftigen uns nur mit dem Küstenmeer als solchem. Allerdings wird die Frage nach dem dort geltenden Rechte von geringerer Tragweite sein; immerhin giebt es eine Reihe von Fällen, für die wir sie beantworten müssen. Denken wir uns z. B. in einem deutschen Seebade schwimmen ein Deutscher und ein Franzose beim Baden eine Strecke in die See, also in das Küstenmeer hinaus. Eifersucht oder ein anderer Beweggrund veranlasst den stärkeren Franzosen den Deutschen vielleicht durch gewaltsames Untertauchen um das Leben zu bringen. Ein Dritter ist Zeuge jenes Vorgangs gewesen, dazu verrät die Aufregung den Franzosen als Thäter. Kann das Gericht des deutschen Badeortes den Franzosen zur Verantwortung ziehen? Völkerrechtlich wäre diese Frage wohl unbedingt zu bejahen. Die Strafthat ist begangen innerhalb der Machtsphäre des Uferstaats; sie ist geeignet, die allgemeine Sicherheit und Ordnung auf das schlimmste zu gefährden, das verletzte Rechtsgefühl der davon Unterrichteten heischt Sühne. Schwieriger ist die Frage zu beantworten, ob nun ohne weiteres für die Bestrafung territoriales Recht gilt. Während v. Bar[1]) Strafthaten, welche die allgemeine Sicherheit gefährden, ohne weiteres vom Uferstaat gesühnt wissen will, verlangt Harburger[2]) zu diesem Zwecke eine ausdrückliche Ausdehnung der Gesetzgebung auf das Küsstenmeer. Dagegen zählt Vesque von Püttlingen[3]) die Küstengewässer des an Oesterreich grenzenden

---

1) v. Bar a. a. O. II. S. 616.
2) Harburger a. a. O. S. 21.
3) v. Püttlingen, Hdb. des in Oestreich gelt. internat. Privatrechts. Wien 1860. S. 25.

adriatischen Meeres dem österreichischen Staats- wie Rechtsgebiet zu. Desgleichen finden wir die Geltung des Strafgesetzes auf das Küstenmeer ausgedehnt nach der Auffassung der deutschen Kriminalisten Hugo Meyer[1]), Liszt[2]) und Binding[3]), welch letzterer seine Lehre dahin präzisiert, dass unter Gebiet im Sinne des R.St.G.B. § 3 nicht das **Staatslandgebiet**, sondern das **Staatsgewaltgebiet** zu verstehen sei. Ihm folgt darin Olshausen[4]) in seinem bekannten Kommentar. Eine andere Meinung vertritt jedoch ein älteres Urteil in Goltdammers Archiv[5]).

Von unserm Standpunkt der vollen Souveränetät des Uferstaats im Küstenmeer entscheiden wir uns für die Ansicht jener deutschen Strafrechtslehrer. Ist wirklich das Küstenmeer „Inland" d. h. ein Teil des souveränen Machtgebietes des Staates, so werden auch dessen Gesetze hier Anwendung finden müssen. Auch wenn wir Harburger darin zustimmen, dass unter Inland nur die Grenze zur Zeit der Erlassung des betreffenden Gesetzes zu verstehen sei, so handelt es sich bei dem Küstenmeer doch nicht um den Fall der von ihm ausführlich erörterten späteren Erweiterung der Grenzen. Entweder das Küstenmeer war 1871 Inland wie heute, oder es ist heute noch nicht Inland, kein staatsrechtlicher Akt hat ihm in der Zwischenzeit diesen Charakter verliehen. Harburger beruft sich für seine entgegengesetzte Meinung ferner darauf, dass verschiedene Spezialgesetze ausdrücklich das Küstenmeer als Teil ihres Geltungsbereiches hervorhöben. Aber wir fragen, wie will man daraus, dass z. B. § 296a des R.St.G.B. Ausländern das Fischen im Küstenmeer verbietet, während es sonst jedermann freisteht, mit zwingender Logik schliessen, der allgemeine Geltungsbereich des R.St.G.B. erstrecke sich nicht auf das Küstenmeer? Dieser Schluss wäre doch nur gerechtfertigt, wenn es irgendwo im R.St.G.B. eine Bestimmung gäbe, die Ausländern Strafe androht wegen Fischens in Gewässern, in denen sonst die Fischerei freigegeben ist. Hätte dann der Gesetzgeber noch jenen § 296a geschaffen, so könnte man mit Recht sagen: Der Gesetzgeber geht von der Annahme aus, dass im allgemeinen seine Gesetze im Küstenmeer nicht gelten.

---

1) Hugo Meyer, Lehrbuch des Strafrechts. 5. Aufl. 1895. S. 118.
2) Liszt, Lehrbuch des Strafrechts. 7. Aufl. 1896. S. 86.
3) Binding, Die Normen. Bd. 1. 2. Aufl. 1890. S. 406 u. ff.
4) Olshausen, Kommentar zu den Strafgesetzen des deutschen Reichs. 4. Aufl. Bd. 1. 1892. S. 55.
5) Goltdammer, Archiv. Bd. 15. S. 77. Urteil vom 28. Nov. 1866.

Aehnlich in allen andern Fällen!

In dem von uns angeführten Beispiel wäre also nach § 3 des R.St.G.B. der Franzose wegen der im Inlande verübten That wie ein Deutscher zu bestrafen. Es erscheint zwecklos, weitere derartige Beispiele zu bilden; begnügen wir uns vielmehr, die Folgerung jenes Prinzips vom Inlandcharakter des Küstenmeers für das internationale Privatrecht zu ziehen. Auch hier muss sich die Geltung des gesamten materiellen Rechts auf das Küstenmeer erstrecken. Denken wir uns wiederum zwei Schwimmer, diesmal in einem französischen Badeort. Während sie im Küstenmeer treiben, vielleicht auch auf einer dort flüchtig zu Tage getretenen Sandbank Rast machen, schliessen sie eine Wette ab, wer von ihnen beiden zuerst den Strand schwimmend erreichen wird. Der Vertragsort ist das Küstenmeer, und da nach französischer Jurisprudenz der Vertragsort die entscheidende Norm giebt, so wird die Klagbarkeit nach französischem Recht beurteilt werden müssen.

§ 8. Die Jurisdiktion des Uferstaats gegenüber fremden Kauffahrteischiffen im Küstenmeer.

Schwieriger wird die Rechtslage, wenn Schiffe fremder Flagge in das Küstenmeer eintreten. An und für sich repräsentiert auch das Kauffahrteischiff[1]) nach allgemein anerkannter Lehre einen Teil seines Heimatsstaats. Nehmen wir nun an, das Küstenmeer wird beherrscht von der Jurisdiktion und den Rechtsnormen des Uferstaats, das Schiff fremder Flagge in allen diesen Beziehungen von seinem Heimatsstaat, so kommt es zu einer scheinbaren Kollision der Rechte und es fragt sich, welches Recht das stärkere ist. Völlig unrichtig ist es unseres Erachtens zu behaupten, weil sich die Schiffe in die „Eigengewässer" eines Uferstaats begeben haben, stehen sie auch unter dessen Gerichtsbarkeit und Gesetz. Diesen Standpunkt finden wir z. B. von Kent[2]), Harburger[3]), Stoerk[4]), Berner[5]), Pappafava[6]), Bless[7]) und in einem Jahrgang

---

1) Ueber die besondere Stellung der Kriegsschiffe siehe unten.
2) Kent a. a. O. S. 28.
3) Harburger a. a. O. S. 118.
4) Stoerk a. a. O. S. 452 allerdings nur von Eigengewässern in seinem Sinne.
5) Berner, Der Wirkungskreis des Strafgesetzes. Berlin 1853. S. 171.
6) Pappafava a. a. O. S. 575.
7) Bless in der Revue de droit international von 1896 S. 460 spricht sogar von einem Prinsip „généralement reçu".

von Goltdammers Archiv[1]) vertreten. Müsste wirklich der Grundsatz von der Souveränetät des Uferstaats und der Geltung seiner Gesetze im Küstenmeer die unsinnigen Konsequenzen haben, die sich aus der Behauptung jener Autoren ergeben, so würde er mit Recht so lebhaft bekämpft werden. Jene Behauptung bildet den Schlüssel zum Verständnis der Gegnerschaft, welche die Souveränetät des Uferstaats im Küstenmeer bei den berühmtesten Autoren gefunden hat.

Betrachtet man das Kauffahrteischiff auf hoher See als Teil seines heimatlichen Grund und Bodens, so liegt darin doch offenbar eine Fiktion. In Wirklichkeit handelt es sich um den Schiffsbau, eine organisierte Mannschaft, Reisende und Waaren aus aller Herren Länder, nicht um ein Stück Heimat-Erde. Diese Fiktion, zu der uns der eigentümliche Charakter des Meeres wie des Schiffes nötigt, erfordert ein „Hinzudenken" und „wegdenken" einer ganzen Reihe von Thatsachen. Denken wir uns die einzige Thatsache, dass jenes fremde Schiff sich vorübergehend im Küstenmeer befindet auch noch hinweg, so ist die Fiktion für diesen Fall ein wenig verändert, das fremde Kauffahrteischiff wäre nach wie vor als Teil seines Heimatsstaates zu betrachten. Begrifflich stände einer solchen Fiktion nichts im Wege. Ehe wir jedoch diese Hypothese mit dem herrschenden Rechtszustand in Einklang zu bringen versuchen werden, wirft sich uns eine andere Frage auf. Es könnte jemand sagen, eine solche Fiktion einer Art realen Exterritorialität[2]) des fremden Schiffes im Küstenmeer, ein solches hinzu- und hinweg denken beruht doch nur auf dem guten Willen des Denkenden. Dem wäre entgegenzuhalten, dass es neben dogmatischen auch gesetzliche Fiktionen im Recht giebt, und dass uns nichts hindert eine ähnlich wie letztere verpflichtende Fiktion für das Völkerrecht anzunehmen, wenn die thatsächliche völkerrechtliche Uebung gegeben ist.

Fragen wir uns zunächst, was mit einer solchen Ausnahmestellung fremder Schiffe im Küstenmeer gewonnen würde. Unseres Erachtens sehr viel. Mit Recht weist v. Bar[3]) darauf hin, welche unerfüllbaren Pflichten in einer Ausdehnung der uferstaatlichen Jurisdiktion auf vorübersegelnde fremde Schiffe liege. Wie will der Uferstaat in jedem Momente durch seine Polizei eingreifen,

---

[1]) Goltdammer, Archiv. Bd. III. S. 65 u. ff.
[2]) Dass dieselbe der Lage der Dinge nach in ihren Wirkungen nur eine sehr beschränkte sein kann, wird weiter unten gezeigt werden.
[3]) v. Bar a. a. O. II. S 612.

wenn auf einem Schiffe fremder Flagge etwa ein Verbrechen begangen wird? Wie soll er jederzeit dort auch nur die freiwillige Gerichtsbarkeit auszuüben bereit sein? Alle diese unerfüllbaren Pflichten fallen mit der Anerkennung der Ausnahmestellung fremder Fahrzeuge hinweg.

Für letztere spricht entschieden noch ein anderer Gesichtspunkt. Mag der Uferstaat Souverän im Küstenmeer sein, nehmen wir selbst an, er habe die Möglichkeit fremde Schiffe dort völlig den seiner Souveränetät entspringenden Rechten zu unterwerfen, welches thatsächliche Interesse hätte er daran?

Wenn ein Russe, der in einem deutschen Gasthof abgestiegen ist, dort im Zorn seinen russischen Bedienten erschiesst, so mag der deutsche Staat strafend eingreifen. Denn im weiteren Umkreise des Thatortes wird ein allgemeines Gefühl der Unsicherheit entstehen, die Kunde der That wird in die Oeffentlichkeit dringen und das verletzte Rechtsgefühl nach Sühne rufen. Wie anders, wenn auf einem Schiffe russischer Flagge, das sich zufällig im deutschen Küstenmeer befindet, der russische Matrose den russischen Kapitän erschlägt. Wer erfährt im Uferstaate überhaupt davon, wer fühlt sich in seiner Sicherheit dadurch beunruhigt?

Wenn das Gesetz von Venezuela alle in Venezuela Geborenen iure soli als Staatsangehörige betrachtet, welches Interesse könnte dieser Staat daran haben, als Staatsangehörige alle diejenigen Kinder von Ausländern zu betrachten, welche zufällig zu einer Zeit auf einem Schiffe fremder Flagge geboren sind, wo dasselbe venezuelisches Küstenmeer passierte, aber vielleicht niemals das venezuelische Landgebiet betreten haben, noch betreten werden?

Es würde zu weit führen, wollten wir an dieser Stelle untersuchen, wie ohne ein Interesse ein Recht nicht begründet sein kann, es mag vielmehr genügen darauf hinzuweisen, dass gerade in dem **Verzicht** der Uferstaaten auf Ausdehnung ihrer Jurisdiktion und Gesetze auf fremde Schiffe das **gemeinsame Interesse** aller seefahrenden Völker liegt, ähnlich wie in der gegenseitigen Duldung der freien Schiffahrt.

Dazu kommt die Erwägung, dass die Konsequenzen der Ausdehnung der unbeschränkten Gerichtsbarkeit und Gesetzgebung auf fremde Schiffe im Küstenmeer ihrer Art nach unmöglich sind.

So sehen wir in der realen Exterritorialität von fremden das Küstenmeer passierenden Schiffen, zwar ebenso eine Fiktion, wie in der Lehre, dass das Schiff auf hoher See ein Teil des heimatlichen Territoriums, aber eine Fiktion, die der Lage der Dinge nach selbstverständlich wie jene andere ist.

Gehen wir von diesem Gesichtspunkte aus, so kommen wir zu dem für das internationale Recht wichtigen Schluss, dass eine Ausdehnung der Jurisdiktion des Uferstaats auf fremde das Küstenmeer passierenden Schiffe nur dann anzunehmen ist, wenn sie entweder allgemein von dem Uferstaat als Gesetz ausgesprochen und deshalb für seine Richter bindend, oder falls sie in der Art eines besonderen Gesetzes begründet ist.

Unseres Erachtens steht dieser Satz völlig im Einklang mit der Praxis der Völker. Es ist uns kein Fall bekannt geworden, wo man z. B. in deutschen Häfen durch deutsche Richter Verbrechen und Vergehen hätte aburteilen sehen, die auf fremden Schiffen auf der Fahrt durch das Küstenmeer sich zugetragen, mochte dasselbe Schiff mit dem Verbrecher an Bord nach der That auch einen deutschen Hafen anlaufen. Und doch hätte der Uferstaat die Pflicht zu strafen gehabt, wenn er die Strafthat als im Inland begangen ansah. Als im Jahre 1876 vor Dover innerhalb des englischen Küstenmeers das deutsche Schiff Franconia das englische Fahrzeug Strathclyde in den Grund gebohrt und dabei ein englischer Passagier sein Leben verloren hatte, sprach die höhere Instanz, der sog. Court for Crown cases reserved den der fahrlässigen Tötung angeklagten deutschen Kapitän frei. Die Strafgewalt des Uferstaats sei zwar von der Publizistik anerkannt, eine thatsächliche Ausübung derselben durch den britischen Staat, eine allgemeine Ausdehnung seiner Rechtssätze auf fremde Schiffe im Küstenmeer nicht nachweisbar[1]). Daraufhin unterbreitete am 14. Februar 1878 der Lordkanzler Cairns dem englischen Oberhaus einen Gesetzentwurf, die schon oben erwähnte Territorial Waters Jurisdiction Bill des Inhalts, dass englische Gerichte befugt seien, über strafbare Handlungen, die auf fremden Handelsschiffen innerhalb dreier Seemeilen von einer englischen Küste begangen würden, abzuurteilen, sofern der Minister, in den Kolonien der Gouverneur seine Genehmigung dazu gebe. Wenn der Lordkanzler am 8. März 1878 von diesem Entwurf sagte: „The bill is not one which proposes to alter the international law", but one which makes provision for applying the machinery of our own law so as to make it work in harmony with the international law, so beweist die lebhafte Bekämpfung des freilich thatsächlich zum Gesetz ge-

---

[1]) Diese Anschauung vertritt auch Woolsey a. a. O. S. 72; vgl. das Urteil im Journal a. a. O. Bd. 4 von 1877 S. 161—166 nebst Anmerkungen von Phillimore.

wordenen Entwurfs das Gegenteil seiner Behauptung[1]). Hatte doch auch wirklich schon vor diesem Gesetz die Mehrzahl der Autoren den Standpunkt der englischen Regierung verworfen. Twiss[2]) wollte unterscheiden zwischen territorial seas (geschlossenen Meeren) und iurisdictional waters (Küstenmeer). In letzterem sollte der Uferstaat kein absolutes Recht der Gesetzgebung haben, weshalb uns die Bezeichnung iurisdictional waters denkbar unglücklich gewählt scheint. Phillimore[3]) gesteht die Gerichtsbarkeit dem Uferstaat nur gegenüber Schiffen zu, die in seinem Küstenmeer vor Anker gegangen sind. Diesen auch schon von Bluntschli[4]) und Bischof[5]) geltend gemachten Gesichtspunkt teilen im wesentlichen Perels[6]) und Heffter-Geffcken[7]), die beide scharf gegen jenes englische Gesetz Front machen, während v. Bar[8]) seine Kritik auf die mangelnde Souveränetät des Uferstaats stützt.

Jedenfalls bedeutet unseres Erachtens jenes englische Gesetz auch bei der Souveränetät des Uferstaats eine Ueberschreitung seiner völkerrechtlichen Zuständigkeit, deren Unzulässigkeit auch dadurch nicht gehoben wird, dass die Strafverfolgung im Einzelfall von der Genehmigung des Ministers abhängen soll. Diesen Standpunkt vertritt auch ein Beschluss des Instituts, das sich mit dieser Frage bei seiner Beratung über das mer territoriale ebenfalls befasste[9]). In der Schlussredaktion vom 31. März wurde art. VIII der Resolution folgendermassen eröffnet: „Les navires de toutes nationalités par le fait seul, qu'ils se trouvent dans les eaux territoriales *à moins, qu'ils n'y soient seulement de passage*, sont soumis à la juridiction de l'État riverain". Mit diesem Satze erkennt das Institut die Ausnahmestellung der fremden das Küstenmeer auf der Fahrt passierenden Schiffe an.

Die durch eine solche Ausnahmestellung fremder Schiffe geschaffene Rechtslage nannten wir oben die Fiktion eines gewissen Masses realer Exterritorialität des Schiffes. Die herr-

---

1) Vgl. vorzüglich die Kritik von Renault, Journal a. a. O. 6 von 1879 p. 235—244.
2) Twiss a. a. O. S. 249 u. ff.
3) Phillimore a. a. O. S. 405.
4) Bluntschli a. a. O. S. 190 u. 192.
5) Bischof a. a. O. S. 26.
6) Perels a. a. O. S. 91.
7) Heffter-Geffken a. a. O. S. 180.
8) v. Bar a. a. O. S. 618.
9) Annuaire XIII a. a. O. S. 311 u. ff.

schende Lehre hat bisher dieses Wort auf Kauffahrteischiffe im Küstenmeer nicht angewandt; zahlreiche Autoren konnten es nicht anwenden, weil sie nicht von der Souveränetät des Uferstaats im Küstenmeer ausgingen. Thut man das jedoch, so rechtfertigt unseres Erachtens die Rechtslage diesen Ausdruck. Zu diesem Schluss ist vorzüglich der Italiener Rocco gelangt[1]). Er sagt: „Mais en examinant cette question au point de vue des règles qui émanent du droit primitif des nations, il est facile de démontrer que le principe de *l'exterritorialité* commun sur la haute mer aux bâtiments de guerre et aux bâtiments marchands *ne doit pas cesser* d'être applicable à ces derniers *dans la mer territoriale* d'une puissance étrangère. Étant une fois admis que le bâtiment est une suite du territoire de l'État, dont il porte le pavillon on ne pourrait admettre aucune distinction entre le territoire continental du pays et le territoire flottant du pays lui-même, sans diminuer l'independance territoriale de l'État." Dieselbe Anschauung vertritt Morton P. Henry in seinem Werk: The iurisdiction and procedure of the admirality Courts of the United Staates in Civil causes on the Instance side. Ihr tritt in einer Besprechung dieses „remarquable livre" auch Fr. Wharton[2]) bei; auch Buret[3]) billigt den von Morton P. Henry unter Berufung auf den Lord Chief Justice Cockburn aufgestellten Rechtssatz: „Un vaisseau peut dans le cours de son voyage passer le long du rivage d'un autre État sans se trouver soumis à la loi litteral et *conserve tous les droits, que lui donne la loi du pavillon.*" Der Inbegriff aller dieser erhaltenen Rechte aber ist die Zugehörigkeit zum Heimatsstaat als Teil desselben.

Eigentlich war auch schon Hautefeuille[4]) zu demselben Ergebnis gekommen.

Wir hätten jetzt zu untersuchen, wo diese Ausnahmestellung des fremden Schiffes im Küstenmeer ihre natürlichen Schranken findet. Dass zahlreiche Specialgesetze über Küstenfrachtfahrt, Vorschriften zur Verhütung von Zusammenstössen, von Zolldefraudationen und andere Wirkungen der uferstaatlichen Küstenpolizei ihrer Natur nach auch fremde Schiffe ergreifen müssen, ist schon an anderer Stelle gesagt. Dasselbe muss jedoch auch von den Gesetzen über die civilrechtlichen Folgen eines Zusammenstosses

---

1) Rocco, citiert und übersetzt von Pappafava im Journal a. a. O. Bd. 14 von 1887 S. 572.
2) Wharton, Journal a. a. O. Bd. 13 von 1886 S. 72.
3) Buret a. a. O. S. 226.
4) Hautefeuille a. a. O. S. 59.

zweier Schiffe im Küstenmeer gelten. Sahen wir vorhin, dass mangels eines uferstaatlichen Interesses die Ausdehnung der allgemeinen Straf- und Civilgesetze auf fremde Schiffe, die das Küstenmeer passieren, im Zweifel niemals zu vermuten sein wird, so haben wir hier den entgegengesetzten Fall. Der Uferstaat kann nur das grösste Interesse daran haben, zur Sicherung der Schiffahrt und zum Schutz seiner Unterthanen die schwerwiegenden civilrechtlichen Folgen eines vielleicht durch Leichtsinn verschuldeten Zusammenstosses auch fremde Schiffer bezw. Rheder treffen zu lassen. Man wird schon aus diesem Grunde annehmen müssen, dass der Uferstaat für seinen ganzen Machtbereich im Meer hat Recht schaffen wollen und nicht Schiffe fremder Flagge davon ausnehmen. Dazu kommt eine zweite Erwägung. Bei der Verschiedenheit der Rechtssätze, die in den einzeln Staaten über Voraussetzungen und Art der Schadensersatzansprüche für eine Anseglung gelten[1]) würden, wie das Reichsgericht in einem seiner Erkenntnisse[2]) in einem Falle des Zusammenstosses auf der Unter-Elbe aber unter ausdrücklicher Bezugnahme auf das ganze Territorialmeer, wozu u. E. auch das Küstenmeer zu rechnen ist, ausführt „zahlreiche und kaum zu lösende Verwicklungen sowie Inkonsequenzen und Unbilligkeiten entstehen, wenn der Rheder jedes der kollidierten Schiffe nach dem Rechte seines Landes zu beurteilen wäre. Es würde dann z. B. der Rheder eines Schiffes, nach dessen Landesrecht er auch für das Versehen eines Zwangslootsen haftet, dem Rheder eines deutschen Schiffes wegen eines durch ausschliessliches Verschulden des Zwangslootsen herbeigeführten Schadens ersatzpflichtig sein, während im umgekehrten Falle der Rheder des deutschen Schiffes nach art. 740 H.G.B. ihm nicht haften würde. Ebenso würde bei einer Kollision, durch welche beide Schiffe beschädigt sind, der Rheder des deutschen Schiffes von dem Rheder eines französischen Schiffes wegen blosser Zweifelhaftigkeit der Ursache der Kollision die Verteilung des Schadens auf beide Schiffe verlangen können, nicht aber umgekehrt der französische Rheder von dem deutschen. Kurz es würde alles mehr oder weniger von Zufälligkeiten abhängen, und der deutsche Richter würde vielfach Rechtsgrundsätze anzuwenden haben, welche

---

[1]) Es liegt nicht im Rahmen dieser Arbeit, hier auf die verschiedenen materiellen Rechtssätze der einzeln Staaten über die Folgen einer Anseglung einzugehen, wir verweisen auf Buret a. a. O. sowie Lamprecht in der Zeitschrift für Handelsrecht Bd. 21 von 1876 S. 12—99.

[2]) Entscheidungen des Reichsgericht in Civilsachen Bd. 21. S. 138 u. ff.

sein heimatliches Recht ausdrücklich oder stillschweigend verwirft . . . . . Hiervon ist auch dann eine Ausnahme nicht zu machen, wenn zufällig beide an einem Zusammenstoss auf deutschem Gebiete beteiligten Schiffe ein- und derselben fremden Nationalität angehören . . . . . Würde es sich um Ansprüche von Ladungsinteressenten handeln, so wäre kein Grund ersichtlich, weshalb diese Ansprüche durch den Umstand beeinflusst werden sollen, dass beide Schiffe fremd und unter demselben Heimatsrecht stehen. Es würde aber zu eigentümlichen Konsequenzen führen, wenn die auf Grund derselben Kollision unter den Rhedern streitigen Ansprüche nach einem andern Rechte beurteilt würden, als Rechte und Pflichten der Ladungsinteressenten."

Wo die naturalis ratio der Dinge so klar für die Anwendung des uferstaatlichen Rechts auf die Fälle der Anseglung fremder Schiffe im Küstenmeer spricht, bedarf es kaum noch der Zuhülfenahme jenes allgemeinen Princips des internationalen Privatrechts, welches die Lex loci actus für civilrechtliche Ansprüche aus Delikten und deliktsähnlichen Handlungen entscheiden lässt. Auch dieses Prinzip spricht für das Gesetz des Uferstaats; denn als locus actus der Anseglung wird man doch wohl das Küstenmeer betrachten müssen. Wer allerdings den Aufenthaltsort des Thäters als Begehungsort des Deliktes betrachtet, könnte vielleicht behaupten: „Ich hafte zwar aus meinem Delikt z. B. meiner Fahrlässigkeit als Schiffer. Aber dieses Delikt habe ich doch an Bord des Schiffes begangen, das von euren uferstaatlichen Gesetzen befreit ist". Ohne diese Einwand, der locus actus sei nicht das Küstenmeer, zu dem unsrigen machen zu wollen, sehen wir doch daraus, dass wir besser thun, unsere Schlussfolgerung von der Notwendigkeit der Anwendung uferstaatlichen Rechts aus der konkreten Sachlage als aus allgemeinen Rechtsgrundsätzen zu ziehen.

Jenes Erkenntnis des Reichsgerichts bringt die Aufzählung einer Reihe früherer Urteile in gleichem Sinne bei. Thatsächlich handelt es sich bei der Ausdehnung der betreffenden Gesetze auf alle fremden das Küstenmeer passierende Schiffe um ein Prinzip, das auch von der Theorie mit Entschiedenheit vertreten, aber dennoch nicht unbestritten geblieben ist. Man war sich zwar einig, dass die Rechtssätze des Uferstaats bei Zusammenstössen in Häfen, auf Flüssen und andern Binnenmeeren anzuwenden seien[1]), und in diesem Sinne entschied sich auch der internationale Antwerpener

---

[1]) Vgl. namentlich die bei v. Bar a. a. O. II. S. 209 zitierten.

Kongress von 1885: „L'abordage dans les ports, fleuves et d'autres eaux intérieures est réglé par la loi du lieu, où il se produit". Indem der Kongress dann aber solchen Kollisionen diejenigen en pleine mer gegenüberstellte, entschied er sich für die Gleichstellung des Küstenmeers mit der hohen See in dieser Beziehung¹). Unbegreiflicher Weise fand diese Anschauung ihre Vertretung bei Buret wie bei Lyon-Caën, der ihr sogar als art. III seines Entwurfs Aufnahme in die Resolution des Instituts über ein Règlement international des conflits de loi en matière d'abordages maritimes zu verschaffen suchte. Mit Recht ist die entgegengesetzte Anschauung auch von solchen Autoren vertreten worden, die wie v. Bar dem Uferstaat nicht die Souveränetät, sondern blosse Küstenpolizei zuerkennen wollen. Heute ist sie nicht nur in der deutschen Wissenschaft herrschend²), sondern sie ist auch übergegangen in jenes Reglement des Instituts, welch letzteres seine Lausanner Resolution über diese Frage folgendermassen eröffnete: „En cas d'abordage dans les eaux intérieures d'un pays entre navires soit de la même nationalité, soit de nationalités différentes la loi de ce pays doit être appliquée pour déterminer qui supporte le dommage, causé aux navires, aux personnes ou aux cargaisons, dans quels délai les réclamations doivent être formées, quelles formalités doivent être remplir les interessés pour la conservation de leur droits et quels sont les tribunaux compétents pour en connaître. Il en est de même, si l'abordage a en lieu dans les eaux territoriales³)."

Bedenklich und geeignet die durch diesen völkerrechtlich unanfechtbaren Satz geschaffene Klarheit der Verhältnisse in etwa wieder zu verdunkeln, erscheint uns ein Urteilspruch des Reichsgerichts vom 12. Juli 1886⁴), der den **zwingenden Charakter der betreffenden deutschen Rechtsnormen** betont und deren Anwendung gegenüber einem deutschen Rheder fordert, der wegen eines Zusammenstosses in fremdem Küstenmeer vor einem deutschen Gerichtshofe beklagt wird. Diesen Grundsatz, dass der Richter bei

---

1) Wie aus dem Protokoll der Verhandlungen hervorgeht, hatte die Kommission vorgeschlagen, dem abordage en mer solche dans les eaux territoriales gegenüber zu stellen. Auf Vorschlag von S. Travers Twiss entschied man sich, statt territoriales intérieurs zu setzen (Actes du Congrès int. de droit commercial d'Anvers I. Brüssel-Paris 1886. S. 130—145).

2) v. Bar, a. a. O. II. S. 617. Böhm, Die räuml. Herrschaft der Rechtsnormen. Erlangen 1890. S. 103. Jottel, Handbuch des internat. Privat- und Strafrechts. 1898. S. 114; dazu das oben zitierte Erkenntnis des Reichsgerichts.

3) Annuaire a. a. O. 1888/89. Bd. X. S. 152.

4) Entscheidungen des Reichsgerichts in Civilsachen. Bd. 19. S. 7.

Obligationen aus unerlaubten Handlungen nur seine Gesetze zur Richtschnur für die Beurteilung der civilrechtlichen Ersatzfragen nehmen müsse, hat namentlich, gestützt auf Savigny und Wächter, Schmidt vertreten[1]). Letzterer wird jedoch völlig widerlegt durch v. Bar[2]). Jener Grundsatz ist auch von der herrschenden Lehre längst fallen gelassen.

Allerdings hat ein Erkenntnis des Gerichtshofes von Rouen vom 2. Juni 1886 bei Gelegenheit der Klage eines Ausländers wegen eines Zusammenstosses im Hafen von Lissabon nach demselben Prinzip wie jenes letzterwähnte Urteil des Reichsgerichts entschieden. Aber die **englische** Jurisprudenz hat verschiedentlich die entgegengesetzte Anschauung vertreten. Das englische Gesetz vom 29. Juli 1862 unterwirft **ausdrücklich** fremde Schiffe in Englands Gewässern in bezug auf die civilrechtlichen Folgen eines Zusammenstosses englischem Gesetz; aber es ist auch von der englischen Rechtsprechung das Gesetz des **fremden Uferstaats** als massgebend angesehen, wenn der Zusammenstoss im **fremdländischen** Küstenmeer stattgefunden hatte[3]). In letzterem Sinne hat ein englischer Appellhof sogar in einem Falle, wo ein Zusammenstoss zweier englischer Schiffe in spanischen Gewässern stattgefunden hatte, den englischen Rheder freigesprochen, da ihn das spanische Recht für Fehler des Kapitäns nicht haften lässt[4]). Ebenso hat ein Urteil des belgischen Kassationshofs vom 25. Mai 1866 entschieden[5]).

Eine seltsame Einschränkung hat dieser so gerechtfertigte Grundsatz in zwei neueren englischen Urteilen in derselben Sache des am 12. Januar 1886 bei Havre erfolgten Zusammenstosses der beiden englischen Schiffe Chilian und Augusta erfahren. Der beklagte Kapitän der Augusta hatte eingewandt, nach englischem Recht werde er durch einen sogenannten Zwangslootsen (den er nach dem Gesetze des Uferstaats an Bord nehmen muss) von der Haftung während dessen Kommandos befreit. Diesen Einwand verwarf das Urteil des engl. Admiralitätsgerichtshofes vom 26. Juli 1886 wie das des Appellhofs vom 15. Februar 1887, da das **französische** Recht, wie durch Gutachten der französischen Advokaten Clunet und Lecouflet festgestellt wurde, eine solche Befreiung nicht kennt.

---

1) Schmidt, Die Herrschaft der Gesetze nach ihrem räuml. u. zeitl. Grenzen. Jena 1863. S. 74.
2) v. Bar, a. a. O. II. B. 117 u. ff.
3) Kühne in Zeitschrift für Handelsrecht. Bd. 12. S. 421.
4) Am 8./9. Februar 1876. Journal a. a. O. Bd. 3. S. 881.
5) Zitiert von Baret a. a. O. S. 222.

Hingegen wurde die Haftung des Rheders der Augusta nach englischem Recht, also der *lex fori* beurteilt [1]).

Mag es nun, wie v. Bar [2]) betont, überhaupt englische Praxis sein, die nach der lex loci actus bestehende Ersatzpflicht nicht weiter anzuerkennen, als englisches Recht sie zulässt, so weist er gleichzeitig mit Recht darauf hin, dass jener Grundsatz, nur den Kapitän nach der lex loci actus haften zu lassen bei der Höhe der Objekte die lex loci actus unberücksichtigt lassen hiesse, denn der Kapitän wird in den seltensten Fällen in der Lage sein, den Schaden auszugleichen.

Ehe wir das Thema von der Schiffskollision in ihren privatrechtlichen Folgen verlassen, mag noch darauf hingewiesen werden, dass Präsumtionen, die nach der Gesetzgebung des Uferstaats in bestimmten Fällen für das Verschulden der einen oder der andern Besatzung aufgestellt sind, als Bestandteile des materiellen Rechts überall dort zur Anwendung zu bringen sind, wo die lex loci actus, das Recht des Uferstaats entscheidend ist. So erkennt auch ein Urteil des R.O.H.G. [3]), das freilich auch die Anwendung norwegischen Rechts gegen einen deutschen Rheder verneint, obgleich das Schiff des deutschen Rheders im norwegischen Küstenmeer kollidiert hatte! Was endlich die Vollstreckbarkeit der Urteile über die Schadenersatzpflicht auf Grund einer Anseglung im Küstenmeer und die Arrestirbarkeit ausländischer Schiffe betrifft, so gehört diese Frage u. E. in die Lehre vom Hafenrecht. Denn ein deutsches Gericht z. B. wird regelmässig nur dann um eine Entscheidung oder Verfügung angegangen werden, wenn sich das ausländische Schiff nach der Anseglung in einen deutschen Hafen begeben hat. Ob auf dasselbe dort zu Gunsten der Gläubiger ein Arrest gelegt werden kann, ist hier nicht der Ort zu untersuchen [4]).

Wir hatten es oben als Ausfluss der uferstaatlichen Küstenpolizei bezeichnet, wenn der Uferstaat das Recht hat eine Strandungsordnung zu erlassen. Auch die rein materiellrechtlichen Rechtssätze des deutschen H.G.B. art. 742—756 über Ansprüche auf Grund der Bergung und Hülfeleistung in Schiffahrtsnot müssen der Natur der Sache nach ebenso gegenüber fremden wie heimischen Schiffen Anwendung finden. Es spricht hier wie bei

---

1) Journal a. a. O. Bd. 15 von 1888 S. 114.
2) v. Bar a. a. O. II. S. 210.
3) Entscheidungen des R.O.H.G. Bd. 24. Nr. 20. S. 83.
4) Vgl. darüber Mittelstein, Ztsch. für int. Privat- u. Strafrecht. Bd. II. 1892. S. 241.

dem Zusammenstoss von Schiffen die Vermutung für solche Absicht des Gesetzgebers, hier wie dort ergeben sich aus der entgegengesetzten Ansicht praktisch unmögliche Konsequenzen. Und da es sich bei der Bergung und Hülfeleistung um quasi-kontraktliche Verpflichtungen handelt, so entscheidet auch nach den allgemeinen Grundsätzen des internationalen Privatrechts die lex loci actus, das Gesetz des Küstenmeers, in dem die Hülfe geleistet wird.

Anderer Ansicht war hier der internationale Antwerpener Kongress vom Jahre 1885. Derselbe entschied sich für die lex loci nur, falls die Hülfeleistung in Seenot „dans les ports, fleuves et autres eaux intérieures" gebracht sei. „L'assistance en mer est rémunérée d'après la loi de l'assistant". Dabei erklärte Clunet: „je veux comprendre dans les mots en mer les eaux territoriales et la pleine mer", ohne auf Widerspruch zu stossen[1]). Mit Recht verwirft diesen Standpunkt ein Erkenntnis des Turiner Kassationshofs vom 19. August 1885[2]). Innerhalb des italienischen Küstenmeers war die deutsche Hansa dem französischen Schiff la Neustrie, das seinen Weg nicht hatte fortsetzen können, zu Hülfe geeilt und hatte es bis Genua geschleppt. Die Hansa forderte Ersatz nach deutschem Recht, das italienische Obergericht erkannte aber, dass conformement aux principes reçus en matières internationales der Ersatzanspruch nach italienischem Recht beurteilt werden müsse. Mit ausdrücklicher Berufung auf dieses Erkenntnis lässt auch v. Bar[3]) im Gebiete der Territorialhoheit des Uferstaats als lex loci actus das Gesetz des Uferstaats entscheiden, ebenso Böhm[4]), der sich dabei noch auf art. 16 II des Konsular-Vertrags zwischen dem Reich und den Vereinigten Staaten vom 11. Dez. 1871[5]) stützt.

Hätten wir in dem Fall des Zusammenstosses sowie der Hülfeleistung die Möglichkeiten kennen gelernt, in denen die privatrechtliche Gesetzgebung des Uferstaats ihre Wirkungen auf das Schiff fremder Flagge im Küstenmeer ausdehnt, so bliebe noch zu untersuchen, ob das internationale Recht ähnliche Fälle in bezug auf die Strafgesetzgebung des Uferstaats kennt.

Erinnern wir uns an den Franconia-Fall, die Veranlassung jener mehrfach erwähnten Territorial waters iurisdiction bill. Wenn wir an anderer Stelle gesagt haben, Jurisdiktion und Gesetz des

---

1) Actes du Congrès a. a. O. S. 146—151.
2) Journal a. a. O. Bd. 14. 1887. S. 241.
3) v. Bar a. a. O. II. S. 215.
4) Böhm a. a. O. S. 164.
5) R.G.Bl. 1872. S. 95.

Uferstaats ergreife das auf der Fahrt befindliche Schiff fremder Flagge prinzipiell nicht, so haben wir diese Ausnahmestellung solcher Schiffe dadurch zu rechtfertigen versucht, dass wir das Interesse des Uferstaats verneinten, von den Vorgängen auf jenen Schiffen im Küstenmeer Notiz zu nehmen. Aber liegt solch ein Mangel denn auch in diesem Falle vor? Ein zunächst ganz innerer Vorgang, die Nachlässigkeit des Kapitäns, des Steuermanns oder wessen immer hat mit der dadurch herbeigeführten Ansegelung eines andern Schiffes eine Wirkung ausgeübt, einen Erfolg herbeigeführt, der seine Kreise zieht ausserhalb des Schiffes, auf dem sich der betreffende Schuldige befand. Das Delikt des Schuldigen hat die allgemeine Sicherheit im Küstenmeer auf das schlimmste gefährdet und den Tod eines Angehörigen des Uferstaats herbeigeführt. Es hiesse die innere Begründung der Ausdehnung der uferstaatlichen Herrschaft über den anliegenden Meeresstreifen verkennen, wollte man dem Uferstaat das Recht absprechen, in einem solchen Falle den Schuldigen vor seinen Richterstuhl zu ziehen. Allerdings geben englische, schwedische, norwegische und niederländische Gesetze[1]) dem Richter ausdrücklich die Befugnis zur Aburteilung aller Vorkommnisse auf heimischen Schiffen im Ausland, und ebenso sichert § 10 der deutschen Reichsstrafprozessordnung, sowie die Kompetenzbestimmung in § 100[2]) der deutschen Seemannsordnung vom 27. Dez. 1872 die Möglichkeit einer strafrechtlichen Verfolgung durch deutsche Behörden bei strafbaren Handlungen, die begangen wurden, während das Schiff sich im Ausland befand. Immerhin erscheint es jedoch misslich, den Uferstaat bei Delikten, die so sehr in seine Interessensphäre hineinragen, auf die Sühne derselben durch den Heimatsstaat hinzu-

---

1) Zitiert bei Harburger a. a. O. S. 122 u. 123.
2) § 100 der Seemannsordnung: „Die Bestimmungen der §§ 81—99 finden auch dann Anwendung, wenn die strafbaren Handlungen ausserhalb des Bundesgebiets begangen sind". Hier wird also hinsichtlich der Jurisdiktion des deutschen Seemannsamts nicht unterschieden, ob die Strafthat auf hoher See oder in fremdem Hoheitsgebiet begangen. Deutlicher noch § 10 der R.St.P.O.: „Ist die strafbare Handlung auf einem deutschen Schiff im Ausland oder in offener See begangen, so ist das Gericht zuständig, in dessen Bezirk der Heimatshafen oder derjenige deutsche Hafen liegt, welchen das Schiff nach der That zuerst erreicht". Immerhin ist dieser Gerichtsstand des § 10 der R.St.P.O. kein ausschliesslicher, vielmehr eine besondere Art des Gerichtsstandes der begangenen That, er konkurriert also mit dem Gerichtsstand des § 8 der R.St.P.O. d. h. dem Gericht des Wohnorts des Angeklagten, in Ermangelung dessen seines Aufenthaltsorts resp. seines letzten Wohnsitzes.

weisen. In zahlreichen Fällen würde eine Ahndung dann überhaupt illusorisch, weil der Schuldige Gelegenheit fände sich der Verfolgung zu entziehen, ehe das auf einer weiten Reise befindliche Schiff wieder in das Machtgebiet des Heimatsstaats gelangt ist.

Das internationale Recht muss also dem Uferstaat hier die Befugnis geben mit seiner Strafgewalt einzugreifen und damit die Ausnahmestellung fremder das Küstenmeer passierender Schiffe hinsichtlich der Gerichtsbarkeit wesentlich einzuschränken. Hätte die Territorial waters iurisdiction Bill nur in solchen Fällen dem Uferstaat die richterliche Kompetenz zugesprochen, so wäre sie wahrscheinlich in den Kreisen der Völkerrechts-Kundigen nicht so schroff abgelehnt worden. Denn die völkerrechtliche Straf-Befugnis des Uferstaats kann nicht auf den Fall beschränkt werden, dass der verantwortliche Schiffsführer die speziellen küstenpolizeilichen Vorschriften etwa hinsichtlich der Fahrordnung ausser Acht liess, sie ist vielmehr auszudehnen auf alle Fälle, wo der Kapitän oder wer immer durch sonstige erwiesene Fahrlässigkeit eine Ansegelung herbeigeführt hat.

Ja, man wird diesen Rechtssatz verallgemeinern müssen und sagen: Jedes Delikt eines Passagiers oder irgend jemandes, der sich auf dem Schiff befindet, berechtigt den Uferstaat zum Einschreiten, sobald das Delikt in seinen Wirkungen über das Bord des Schiffes hinausgeht. Ob ein Schiffskapitän durch seine Fahrlässigkeit ein fremdes Schiff ansegelt und den Tod vieler Menschen verursacht oder ob ein Passagier, während das Schiff kaum den Hafen verlassen, sich auf Deck im Pistolenschiessen übt und eine Kugel rafft abirrend ein Menschenleben auf einem zweiten gerade vorübersegelnden Schiff oder einen seinem Gewerbe nachgehenden Küstenfischer in seinem Nachen dahin — die Strafwürdigkeit der That, die Verletzung der Sicherheit im Hoheitsgebiet des Uferstaats ist höchstens dem Grade nach verschieden.

Dasselbe gilt von allen andern Delikten solcher Art, mögen sie auch z. B. nur in einer von dem Schiff aus oder durch das Schiff herbeigeführten Beschädigung der Uferanstalten bestehen[1]).

Diese Anschauung vertrat auch die Majorität in der Plenarsitzung des Instituts vom 29. März 1894. Obgleich die schon an anderer Stelle erwähnten verschiedenen Projekte der Kommission wie einzelner Gelehrten über das Küstenmeer in ihrem Wortlaut in betreff der Gerichtsbarkeit ziemlich übereinstimmten, kam es in

---

[1]) Vgl. Wharton a. a. O., so entschieden derselbe sonst für die Exemtion des auf der Fahrt begriffenen Schiffes eintritt.

jener Sitzung dennoch zu den lebhaftesten Erörterungen. Schliesslich einigte man sich über eine unseres Erachtens wenig glückliche Fassung. Der schon an anderer Stelle wiedergegebene art. VIII: „Les navires de toutes nationalités par le fait seul, qu'ils se trouvent dans les eaux territoriales *à moins*, *qu'ils n'y soient seulement de passage* sont soumis à la juridiction de l'État riverain", schafft für Schiffe auf der Fahrt eine Exemtion von der uferstaatlichen Gerichtsbarkeit. Statt nun in einem andern Artikel, wie von Bar es vorschlug, sachgemäss die Exemtion zu beschränken und auf Vorgänge, deren Wirkung über das Schiff hinausgehen ausdrücklich die uferstaatliche Gerichtsbarkeit auszudehnen, fasste man art. VI der Resolution in der Schlussredaktion vom 31. März folgendermassen: „les crimes et délits commis à bord des navires étrangers de passage dans la mer territoriale par des personnes qui se trouvent à bord de ces navires sur des personnes où des choses à bord de ces mêmes navires sont comme tels en dehors de la juridiction de l'État riverain à moins, qu'ils n'impliquent une violation des droits ou des interêts de l'État riverain ou des ses ressortissants ne faisant partie ni de l'équipage ni des passagers." Allerdings kann man ja aus diesem Satze, der sogar Delikte auf dem Schiff, die zwar gegen Personen oder Sachen an Bord gerichtet sind, aber Rechte oder Interessen des Uferstaats, bezw. seiner Unterthanen verletzen, der Strafgewalt des Uferstaats unterwirft, logischerweise folgern, dass derartige Delikte gegen Personen oder Sachen ausserhalb des Schiffes gerichtet, sicherlich der Strafgewalt des Uferstaats unterliegen sollen. Gleichwohl wäre es besser gewesen, man wäre v. Bar's Vorschlag gefolgt. Denn die jetzt festgesetzte Ausdehnung der Strafgewalt des Uferstaats auf Delikte, die sich gegen Personen oder Sachen an Bord richten, aber eine Verletzung der Rechte oder der Interessen des Uferstaats, bezw. seiner Unterthanen enthalten, soweit letztere nicht zu den Passagieren oder der Mannschaft an Bord gehören, ist unseres Erachtens kaum von praktischer Tragweite. Es würde z. B. ein solcher Fall vorliegen, wenn ein Portugiese in Lissabon dem Kapitän eines dänischen Schiffs, das auf der Heimreise in Hamburg einige Zeit vor Anker gehen wird, eine Kiste mit besonders edlem Wein, bestimmt für einen Hamburger Geschäftsfreund anvertraute und nun, ehe das dänische Schiff das portugiesische Küstenmeer verlassen hat, die Kunde erhielte, dass der Kapitän mit einigen befreundeten Passagieren von jenem Wein ein Glas nach dem andern „auf fröhliche Fahrt" tränke. Aber wie soll den Portugiesen diese Nachricht erreichen?

Mit wenig Worten sei noch der Möglichkeit gedacht, dass eine zum Schiffe gehörige Person ganz **ausserhalb des Schiffskörpers** ein Rechtsgeschäft abschliesst oder eine Strafthat begeht. Denken wir uns, eine Person stürzt, während ein französisches Schiff sich im deutschen Küstenmeer befindet über Bord. Es wird sogleich ein Boot ausgesetzt und es gelingt dessen Insassen den betreffenden noch lebend den Wellen zu entreissen, und zunächst in das Boot aufzunehmen. Im ersten Gefühl der Dankbarkeit verspricht der Gerettete eine bedeutende Schenkung. Später reut ihn sein Versprechen und er lässt sich vor dem Gericht seines französischen Wohnorts verklagen. Er gesteht das Schenkungsversprechen zwar zu, wendet aber ein, man hätte den Vertrag im Küstenmeer eines Uferstaats geschlossen, dessen Gesetz auch für Schenkungen wegen Rettung aus Lebensgefahr bei höheren Summen gerichtliche Form erfordern und nach dem Satze locus regit actum sei für die Frage nach der gehörigen Form des Vertrages eben das Gesetz des Uferstaats bestimmend. In solchem Falle wird sicher die Pertinenzqualität der Boote den Ausschlag geben und man das Boot im Küstenmeer ebensowohl als ein Stück heimatlicher Erde betrachten müssen, wie das Schiff, zu dem es gehört. Dasselbe gilt natürlich in allen andern Fällen der Art, auch wenn es sich um ein im Boote oder vom Boote aus verübtes Delikt handelt.

Endlich wäre es noch möglich, dass eine zum Schiff gehörige Person sich bei Begehung eines Deliktes sowohl **ausserhalb des Schiffes**, wie seiner **Boote**, etwa auf einer vorübergehend zu Tage getretenen Sandbank befinde. Nach unserer Auffassung würde, da die Ausnahmestellung hinsichtlich der Jurisdiktion nur durch den Aufenthalt auf dem vorübersegelnden Schiff begründet ist und im Küstenmeer die Gesetze des Uferstaats gelten, ohne weiteres die uferstaatliche Strafgewalt und Anwendbarkeit seines Gesetzes eintreten. Dasselbe würde von den unter zum Schiff gehörigen Personen ausserhalb des Schiffes oder seiner Boote im Küstenmeer abgeschlossenen Kontrakten gelten. Will man hier wirklich das Gesetz des Kontraktorts entscheiden lassen, so ist eben das Gesetz des Uferstaats massgebend. Sicherlich mit Recht weist aber v. Bar[1] darauf hin, dass hier die Anwendung des persönlichen Rechtes beider Beteiligten wesentlich befriedigendere Resultate ergäbe. Doch ist die Frage vorwiegend rein theoretischer Art und wird selten von praktischer Bedeutung werden.

---

[1] v. Bar a. a. O. II. S. 615.

Hätten wir bei dieser Erörterung die Sphäre einer Souveränetät gegenüber der andern auf dem Gebiete der Rechtspflege abzugrenzen versucht, so mag noch darauf hingewiesen werden, dass jeder Staat wie durch internationalen Vertrag so durch eigenes Gesetz die ihm durch das Völkerrecht verstatteten Grenzen seiner Wirksamkeit verengern kann. Wir müssten das Gebiet des **internationalen Rechtes** verlassen, wollten wir eingehender untersuchen, wie solches in den einzelnen Landesrechten verschiedentlich der Fall.

Begnügen wir uns an dieser Stelle mit dem Hinweis darauf, dass wenn auch das internationale Recht die Möglichkeit einer Strafverfolgung wegen eines auf einem vorübersegelnden Schiffe verübten Deliktes in den oben erörterten Fällen gestattet, dieselbe nach **deutschem Rechte** recht zweifelhaft erscheint. § 4 des R.St.G.B. bestimmt im ersten Absatz: „Wegen der im Auslande begangenen Verbrechen findet in der Regel keine Verfolgung statt". Als Ausland muss aber auch im allgemeinen, wie oben begründet, das auf der Fahrt im Küstenmeer befindliche Schiff fremder Flagge angesehen werden. Indem jener Paragraph in seinem weiteren Wortlaut eine Reihe von Fällen aufzählt, in denen gleichwohl eine Verfolgung des im Auslande begangenen Verbrechens eintreten soll, unterlässt er es, den Fall eines auf einem fremden Schiff im deutschen Küstenmeer begangenen Deliktes, dessen Wirkungen sich über das Schiff hinauserstrecken, mit aufzuführen. — Unseres Erachtens hat damit das deutsche Reich prinzipiell auf eine Strafverfolgung solcher Delikte verzichtet und es müssen schon die besonderen in § 4 vorgesehenen Fälle des Hochverrats, Münzverbrechens oder eines nach ausländischem Gesetze strafwürdigen Vergehens eines Deutschen vorliegen, um den Uferstaat zum Einschreiten zu berechtigen. Zu andern Ergebnissen kann man allerdings gelangen, wenn man bei derartigen Delikten, die in ihrer Wirkung über das Bord des fremden Schiffes hinausgehen, als Begehungsort neben dem Aufenthaltsort des Thäters zur Zeit seiner Thätigkeit den Aufenthaltsort des leidenden Subjekts oder letzteren ausschliesslich bezeichnet[1]). Nach dieser Anschauung, die namentlich v. Bar[2]) mit gewichtigen Gründen bekämpft, wären solche Delikte immer nach dem R.St.G.B. strafbar, wenn als Ort des

---

[1]) Für beide Orte hat sich namentlich das Reichsgericht entschieden, zuletzt am 17. Juni 1892 (Entsch. des R.G. in Strafsachen Bd. 23 S. 155), für den Ort des Erfolgs allein besonders v. Liszt a. a. O. S. 117 u. ff.

[2]) v. Bar, Lehrbuch des int. Privat- u. Strafrechts. 1892. S. 235 u. ff.

Erfolges ein deutsches Schiff, oder die deutsche Küste, (nach der von uns verteidigten Ansicht der Ausdehnung der inländischen Gesetze auf das Küstenmeer) auch das Küstenmeer selbst, etwa in seinen Uferanstalten getroffen wäre, in keinem Fall aber, wenn als Ort des Erfolgs ein zweites fremdes vorübersegelndes Schiff in betracht käme. Wäre letzterer Thatbestand gegeben, so könnte man nach deutschem Recht den Thäter nur zur Verantwortung ziehen, wollte man mit einer vierten Theorie die ganze Linie von der Körperbewegung des Thäters bis zum Ort des Erfolgs als Ort der Handlung betrachten und uns dazu in der Ausdehnung der uferstaatlichen Gesetze auf das Küstenmeer zustimmen.

Bei der Begründung der Ausnahmestellung fremder Schiffe im Küstenmeer wie bei der Festellung der Schranken dieser Ausnahmestellung haben wir zweckmässiger Weise bisher durchweg nur von solchen Schiffen gesprochen, die sich innerhalb des Küstenmeers auf der Fahrt befinden. In weitaus der Mehrzahl der Fälle wird auch nur die Rechtsstellung solcher in Frage kommen. Denn das Küstenmeer ist seiner Natur nach nur für die Durchfahrt bestimmt, will ein Schiff vor Anker gehen, so wählt es dazu den Hafen, die Rhede.

Sollte eine Verkettung von Umständen, das Schiff fremder Flagge aber nötigen, im Küstenmeer an irgend einer Stelle liegen zu bleiben, so bringt es sich selbst dadurch in eine ähnliche Rechtslage, wie wenn es sich im Hafen des betreffenden Uferstaates befindet. Sein Aufenthalt im Küstenmeer ist dann im Vergleich zum blossen Vorübersegeln ein dauernder wie im Hafen. Mögen die Beziehungen, in die das Schiff zu den Uferbewohnern tritt, falls es nicht dicht bis an die Küste herankommt auch nicht so enge und vielfältige sein wie im Hafen, immerhin hat es nicht mehr den Anspruch darauf, vom Uferstaat als *territoire flottant* seines Heimatsstaates angesehen zu werden. Ein solches Schiff teilt also die Rechtsstellung des in fremdem Hafen befindlichen d. h. es ist grundsätzlich der Jurisdiktion des Uferstaats unterworfen [1]). Der Inhalt der zahlreichen Verträge, die letzteres Prinzip durchbrechen und dem Schiff fremder Flagge eine günstigere Stellung im Hafen geben, sind natürlich analog auch auf das im Küstenmeer liegende Schiff anzuwenden.

Eine andere Ansicht hat M. Wobster in einem Brief an Lord Ashburton, den Wheaton zitiert, aufgestellt [2]). „Si contre la vo-

---

1) Vgl. art. VIII der Resolution des Instituts.
2) Wiedergegeben von Wheaton im Journal von 1886 Bd. 13 S. 72.

lonté de son maître ou proprietaire le bâtiment est porté ou poussé plus près de la terre ou même dans un port, eux qui en ont ou doivent en avoir la direction ayant fait tous leur efforts pour le maintenir sur la haute mer, ce bâtiment reste sous la juridiction exclusive de son gouvernement." Die logische Begründung dieses Satzes, dem übrigens auch einzelne deutsche Autoren zustimmen, ist uns dunkel. Danach würde ein Schiff, das nicht aus Handelsinteressen sondern des Unwetters wegen, einen fremden Hafen aufgesucht hat, oder wenigstens dahin getrieben ist, dort von der Jurisdiktion des Hafenorts völlig befreit sein, und Aufruhr, Mord und Totschlag könnten sich vor aller Augen auf Deck zutragen, ohne dass der Uferstaat berechtigt wäre einzuschreiten. Das heisst die „Achtung vor dem Unglück" etwas weitgehen lassen. Mit Recht hat das Institut diese Anschauung verlassen.

Unzweifelhaft ist mit dem Rechte der Jurisdiktion soweit es dem Uferstaat über fremde Schiffe im Küstenmeer zusteht, mögen sie nun vorübersegeln oder dort festliegen, auch das Recht zu all jenen **polizeilichen Massnahmen** verbunden, welche zur Ausübung der Rechtspflege notwendig sind. So werden die Behörden des Uferstaats an Bord des fremden Kauffahrteischiffes zu diesem Zwecke Verhaftungen vornehmen dürfen. Bei solchen und ähnlichen Amtshandlungen würde die Zuziehung eines Konsuls, als Vertreter des Heimatsstaates des Schiffes, wenn thunlich, der Achtung und Konvenienz entsprechen, welche die Staaten sich gegenseitig schuldig, und auch am leichtesten internationalen Verwicklungen vorbeugen.

Für den Fall, dass ein fremdes Schiff durch Davonsegeln den berechtigten Zwangsmassregeln des Uferstaats sich zu entziehen versuchen wollte, giebt ein zweiter Absatz von art. VIII der Resolution dem Uferstaat ein sehr ausgedehntes Verfolgungsrecht. Es heisst dort: „L'état riverain a le droit de continuer sa poursuite sur la haute mer, d'arrêter et de juger le navire qui aurait commis une infraction dans les limites de ses eaux. En cas de capture sur la haute mer le fait sera toute fois notifié sans délai à l'État, dont le navire porte le pavillon. La poursuite est interrompue dès que le navire entre dans la mer territoriale de son pays ou d'une tierce puissance. Le droit de poursuite cesse dès que le navire sera entré dans un port de son pays ou d'une tierce puissance." Die Kommission, von welcher eine nur wenig andere Fassung für diesen Artikel vorgeschlagen war, hatte noch erläuternd hinzugefügt: „Par infraction il faut entendre pour l'application de cet article: des infractions exposant le délinquant à des pénalités ou le navire à la confiscation."

Ehe wir von der Betrachtung der Rechtsstellung der Kauffahrer in fremden Küstenmeeren scheiden, sei noch zunächst kurz der freiwilligen Gerichtsbarkeit an Bord derselben gedacht. Es unterliegt keinem Zweifel, dass Beamte des Heimatsstaates des Schiffes, die sich auf dem Schiffe befinden innerhalb der Grenzen ihrer Amtsbefugnisse nach dem Gesetze des Heimatsstaates auch während der Durchfahrt durch fremdes Küstenmeer auf dem Schiffe gültige Rechtsakte z. B. der Notar die Beglaubigung einer Unterschrift vornehmen können. Soweit das Gesetz des Heimatsstaates dem Kapitän derartige Befugnisse einräumen sollte, würden dieselben durch den Eintritt in ein fremdes Küstengewässer eben so wenig erlöschen. Pappafava[1]) hat jedoch die Frage aufgeworfen, ob zu dergleichen Akten auch ein Notar des Küstenstaates auf fremden Schiffen befugt sei. Von seinem Standpunkt der vollen Unterwerfung des Schiffes fremder Flagge unter die Jurisdiktion des Uferstaats muss er diese Frage natürlich bejahen. Mit Recht weist v. Bar[2]) aber darauf hin, dass die Bejahung dieser Frage unabhängig davon ist, ob man das Schiff der Jurisdiktion des Küstenstaats unterwirft. Kommt bei der Beantwortung der Frage doch niemals die eventuelle, bestrittene Zwangsgewalt des Uferstaats, sondern immer nur eine erbetene Rechtshülfe in Betracht. Einwendungen gegen die Zulässigkeit derselben und die volle Gültigkeit ihrer Beurkundungen müssten völlig unbegründet erscheinen.

Einer besonderen Besprechung an dieser Stelle bedarf endlich nur noch das Asylrecht an Bord von fremden Kauffahrteifahrern im Küstenmeer. Es ist möglich, dass ein Flüchtling des Uferstaats seine Zuflucht auf einem fremden das Küstenmeer passierenden Schiffe sucht. Ob der Kapitän den Flüchtling aufnimmt hängt zunächst von seinem privaten Willensentschluss ab. Fraglich könnte nur erscheinen, ob die thatsächlich erfolgte Aufnahme nun die Exemtion des Flüchtlings von der Polizei-Gewalt des Uferstaats zur Folge hat. Das erscheint jedoch unserer Ansicht nach als ausgeschlossen. Wenn es dem Uferstaat freisteht, überall wo im Küstenmeer seine Interessen gefährdet sind, von seinen Souveränetätsrechten der Gerichtsbarkeit und Polizei Gebrauch zu machen, so muss ihm auch die Möglichkeit gegeben sein, mit dem

---

1) Pappafava a. a. O. S. 441 u. ff., 577 u. ff.
2) v. Bar a. a. O. S. 615.

Arm seiner Justiz den Flüchtling noch auf dem Deck des fremden Schiffes zu ergreifen. Dadurch wird der Heimatstaat des Schiffs nicht in ungehöriger Form verletzt. Denn indem der Kapitän des Schiffes den Flüchtling der Justiz des Uferstaats zu entziehen versuchte, hat er zunächst dessen Interessen verletzt. Es kann dem Uferstaat deshalb auch nicht das Recht versagt werden, den betreffenden Kapitän selbst strafrechtlich zu verfolgen, wenn die eigenen uferstaatlichen Gesetze solches ermöglichen [1]). Sucht der Kapitän mit dem Flüchtling an Bord eiligst die hohe See zu gewinnen, so wird die Polizei des Uferstaats nach den in art. VIII der Resolution des Instituts entwickelten Grundsätzen ihre Verfolgung über die Grenzen des Territorialmeers ausdehnen können. Die Verhaftung wird auch noch dann vorgenommen werden können, wenn die Aufnahme des Flüchtlings innerhalb des Küstenmeers des Uferstaats erfolgt ist und später auf seiner Reise das betreffende fremde Schiff abermals in die Küstengewässer des Uferstaats eintritt. Dagegen erscheint sie uns ausgeschlossen, wenn der Flüchtling etwa in dem Hafen eines andern Uferstaats an Bord genommen ist und nun das betreffende Schiff nur auf der Durchfahrt das Küstenmeer desjenigen Staates berührt, vor dessen Polizei der an Bord des Schiffes Aufgenommene entflohen ist. Hier hat der Kapitän des Schiffs nicht innerhalb des Küstenmeers sich einer Handlung schuldig gemacht, die geeignet wäre die Interessen des Uferstaats zu verletzen, in folge dessen erscheint hier ein Eingriff der Polizei des Uferstaats auf dem Schiff fremder Flagge im Küstenmeer als ausgeschlossen. Ob dasselbe gelten würde, wenn das betreffende Schiff einen Hafen des Uferstaats aufsuchen würde, ist viel erörtert [2]), jedoch hier nicht zu untersuchen. Es mag noch darauf hingewiesen werden, dass auch bei der Verhaftung eines Flüchtlings auf fremdem Schiffe die Achtung vor der Flagge die Zuziehung eines Konsuls des betr. Staates erheischen würde, wenn solche nicht gerade in diesem Falle praktisch meistens unmöglich wäre. An ihre Stelle muss dann aber jedenfalls eine sofortige Benachrichtigung treten. Im übrigen wären wir zu dem Schluss gekommen, dass ein eigentliches Asylrecht an Bord fremder Kauffahrer im Küstenmeer nicht existiert.

Damit glauben wir die wichtigsten Fragen, die sich aus dem Verhältnis der uferstaatlichen Jurisdiktion zu fremden Schiffen im Küstenmeer ergeben, erörtert zu haben.

---
1) So Ortolan a. a. O. S. 303. Attlmayr a. a. O. S. 39.
2) Vgl. den bekannten Fall des französ. Postdampfers Aunis bei Hautefeuille: Questions de droit marit. int. Paris 1868. S. 303—311.

§ 9. Die Rechtsstellung fremder Kriegsschiffe im Küstenmeer.

Der Unterschied der Rechtsstellung zwischen Kauffahrteifahrern und Kriegsfahrzeugen in Gewässern fremder Hoheit ist zuerst in zahlreichen Staatsverträgen des vorigen Jahrhunderts festgelegt und seitdem durch dauernde allseitige Anerkennung zu einer Norm im Rechtsleben der Völker untereinander geworden. An anderer Stelle sahen wir, dass es nur eine Fiktion ist, wenn man Kauffahrer auf See als territoire flottant des Heimatsstaats bezeichnet, bei den Kriegsschiffen bedarf es einer solchen Fiktion nicht. Denn das Kriegsschiff ist wie Stoerk[1]) sagt „ein körperlich in die Erscheinung tretender dauernder Bestandteil des Amtsorganismus eines völkerrechtlich als gleichberechtigt anerkannten souveränen Staats". Von andern ist das Kriegsschiff vielfach mit einem treffenden Vergleich eine „bewegliche Festung des Heimatsstaats" genannt worden. Von einer solchen wird man aber wie von einem Truppenkörper, der sich in ein fremdes Staatsgebiet begeben hat, volle Exterritorialität behaupten müssen. Wenn Berner[2]) sagt: „Ist irgend eine Exterritorialität in der Natur der Sache begründet, so die der fremden Truppen; das Heer eines Staates ist nicht bloss der Repräsentant, es ist der wirkliche Träger der auswärtigen Souveränetät des Staates, dessen nach aussen gewendete Macht. Diese einer fremden Souveränetät unterwerfen, hiesse den grössten Widerspruch begehen", so lässt sich jedes Wort dieses Satzes auch von dem Kriegsschiff in fremden Hoheitsgewässern aussagen.

Die Exterritorialität derselben ist denn auch als Fundamentalsatz des internationalen Seerechts anerkannt und als das Institut die Rechtssätze über die Stellung fremder Schiffe im Küstenmeer fixierte, nahm es mit dem art. IX: „Est reservée la situation particulière des navires de guerre et de ceux qui leur sont assimilés" die Kriegsschiffe ausdrücklich von diesen Normen aus.

Versuchen wir im folgenden zunächst kurz den Begriff des Kriegsschiffs, das sich dieser besonderen Stellung erfreut, festzustellen.

Die Erfüllung von drei Erfordernissen kennzeichnet das Kriegsschiff. Zugehörigkeit zum Bereich einer Kriegsmarine, Unterstellung unter einen militärischen Befehlshaber und militärisch orga-

---

1) Stoerk a. a. O. S. 456.
2) Berner a. a. O. S. 215.

nisierte Besatzung[1]). Sind diese Bedingungen gegeben, so braucht die einzelne Fahrt nicht einen militärischen Zweck zu verfolgen, vielmehr behält das Fahrzeug dann auch bei einer wissenschaftlichen Expedition seinen Charakter als Kriegsschiff. Der rechtlichen Natur des Schiffes selbst folgen natürlich auch seine Boote. Als militärischer Befehlshaber wird nur jemand angesehen, der sich zu seiner Kommandozeit im aktiven Heeresdienst befindet. Ebenso muss die Bemannung zur bewaffneten Macht gehören, mag sie auch aus lauter Kriegsfreiwilligen bestehen. Solche Zugehörigkeit macht die **Uniform** erkennbar. Schon von weitem wird **Flagge und Wimpel** das Kriegsschiff äusserlich kennzeichnen. Die Flagge ist die allgemeine der betreffenden Nation oder ihre besondere Kriegsflagge, der Wimpel deutet die Kommandoführung durch einen aktiven Seeoffizier an. An Stelle des Wimpels kann ein anderes Kommandozeichen treten, wenn ein Vorgesetzter des Kommandanten an Bord, der ein besonderes Zeichen zu führen berechtigt ist. Ist der Kaiser, die Kaiserin, der Kronprinz oder die Kronprinzessin an Bord des Schiffes, so tritt an Stelle jedes Wimpels nach deutscher Verordnung die Standarte. Wird einem Fahrzeug die Berechtigung Flagge und Wimpel zu führen und damit der Charakter als Kriegsschiff bestritten, so kann der Beweis dieser Berechtigung durch die Segelordre des Kommandanten erbracht werden. Fahrzeuge können dauernd wie vorübergehend der Kriegsflotte angehören. Ob die vorübergehende Zugehörigkeit etwa durch einen Mietkontrakt zwischen der Marine und Privaten oder durch freiwillige Ueberlassung des Fahrzeugs für Kriegszwecke begründet ist, macht keinen Unterschied. Dass auch auf letzterem Wege ein Privatschiff den Charakter eines Kriegsschiffs gewinnen kann, ist im Jahre 1870 durch ein Gutachten der englischen Kronjuristen ausdrücklich anerkannt.

Damals hatte ein Königl. Preuss. Erlass vom 24. Juli 1870 zur Bildung einer freiwilligen Seewehr aufgefordert. Obgleich derselbe keinerlei Erfolg hatte, protestierte die französische Regierung in einer an den englischen Minister des Auswärtigen gerichteten Note gegen solche Veranstaltungen und behauptete, die Bildung einer freiwilligen Seewehr enthalte einen Verstoss gegen die Pariser Deklaration vom 16. April 1856, laut deren § 1 „la

---

[1] Vgl. Perels, Rechtsstellung der Kriegsschiffe in fremden Hoheitsgewässern, Archiv für öffentl. Recht Bd. I 1886 S. 461 u. ff.; dazu Mittelstein, Arrestirbarkeit und Arrestfreiheit der Schiffe in Böhm's Zeitschrift für int. Privat- und Strafrecht Bd. 2. 1892 S. 241.

course est et demeure abolie." Nun hat man aber unter Kaperei immer nur verstanden „das Unternehmen von **Privatpersonen** unter Autorität einer kriegführenden Macht mittels besonders dazu ausgerüsteter Schiffe den feindlichen **Seehandel** zu schädigen und dem unerlaubten Seehandelsbetrieb Neutraler entgegen zu treten"[1]). Nach dem Wortlaut jenes preuss. Erlasses sollten jene Privatfahrzeuge aber einen Teil der Marine bilden, deren Kriegsgesetzen unterstellt, ihre Besatzungen gleichen militärischen Rang, gleiche Uniform, einen gleichen Anspruch auf Invalidenversorgung erhalten. Der Staat wollte Bewaffnung und Einrichtung übernehmen und die Thätigkeit dieser Schiffe sollte sich nur gegen fremde Kriegsschiffe richten. Die englische Antwort erkannte denn auch gestützt auf jenes Gutachten an, dass durch diesen preuss. Erlass nur die Umwandlung von Privatschiffen in Kriegsschiffe bezweckt sei, dass mithin die auf Aktionen von Privatschiffen gegen Privatschiffe bezügliche Deklaration über Aufhebung der Kaperei keine Anwendung finden könne. Dieser Standpunkt wird heute von der herrschenden Lehre geteilt[2]).

Die Rechtsstellung von Kriegsschiffen hat der internationale Brauch allgemein auch solchen nicht zur Kriegsmarine gehörenden fremden Fahrzeugen zugebilligt, die im einzeln Falle ausschliesslich zur Beförderung von Souveränen oder deren Vertretern bestimmt sind. Dagegen geniessen diejenigen Staatsschiffe, die ohne militärischen Charakter für andere Staatszwecke verwandt werden, **grundsätzlich** nicht die Gleichstellung mit den Kriegsschiffen. Allerdings werden ihnen teils durch internationale Verträge, teils durch Konnivenz oft sehr weitgehende Vergünstigungen eingeräumt. Einzelne solcher Verträge[3]) gehen hinsichtlich der Postdampfer

---

1) Perels, Seerecht a. a. O. S. 182.
2) Heffter-Geffken a. a. O. S. 270 Anm. 4. Perels im Archiv a. a. O. S. 468 und dort zitierte. Rivier, Lehrbuch des Völkerrechts. 1889. S. 381. Soweit die Kaper durch jene Pariser Deklaration nicht abgeschafft, sind sie richtiger Ansicht nach als Privatschiffe besonderer Art zu betrachten und geniessen nicht die Privilegien der Kriegsschiffe. Es sind autorisierte Parteigänger aber nicht Repräsentanten eines souveränen Staates. So urteilt u. E. mit Recht Mittelstein a. a. O. S. 265, der sich dabei auf Pradier-Fodéré stützen kann. Allerdings ist die Frage vielfach in entgegengesetztem Sinne beantwortet; vgl. darüber die bei Mittelstein zitierten Autoren.
3) z. B. Vertrag zwischen England u. Frankreich vom 3. IV. 1843 art. VII, zwischen England u. Belgien vom 19. X. 1844 art. VII u. vom 17. II. 1876 art. VI für die Fahrt von Dover nach Ostende, zwischen Frankreich u. Italien vom 3. III. 1869 art. VI, zwischen England u. Dänemark vom 26. VI. 1846 art. III.

bis zur Gleichstellung mit den Kriegsschiffen, die meisten andern Postverträge gewähren den Postdampfern nur diejenigen Ermässigungen der Hafenabgaben u. s. w., welche den nationalen Postschiffen zustehen. Vielfach sind jedoch solche Vergünstigungen auch auf diejenigen Postdampfer ausgedehnt, die ohne im Eigentum des Heimatstaats zustehen, dennoch unter seiner Autorität, vielleicht auch Subvention, ihr Gewerbe verfolgen.

Ebenso wenig wie Regierungsschiffe, die zu Staatszwecken ausgesandt wurden, werden Fahrzeuge den Kriegsschiffen eingerechnet, die der Staat zum Erwerb durch die Seefahrt benutzt, obgleich solchen Schiffen vielfach die Ermächtigung zur Führung des Wimpels erteilt war. So für die Schiffe der preussischen Seehandlung jenseits der Linie durch eine Kabinetsordre vom 24. Sept. 1834. Solche Schiffe sind immer abgesehen von gewissen ihnen nur aus Konnivenz gewährten Erleichterungen für Zollabfertigungen u. s. w. grundsätzlich privaten Kauffahrern gleichgestellt. Immerhin war es jedoch als ein Verstoss gegen die einer fremden Regierung schuldige Achtung zu betrachten, wenn im Jahre 1827 im peruanischen Hafen von Arica ein Embargo auch auf das preussische Seehandlungsschiff „Prinzess Luise" ausgedehnt wurde, damit Peru dasselbe zu staatlichen Truppentransporten benutze. Thatsächlich ist dieser arrêt du prince, wenn es erlaubt ist, das Wort auch auf eine republikanische Regierung anzuwenden, denn auch auf den energischen Protest des Kapitäns aufgehoben.

Erörtern wir nach der Klärung des Begriffs „Kriegsschiff" die Rechtsstellung desselben im einzeln. Obgleich wie wir sahen die Exterritorialität des Kriegsschiffs nicht auf einer Fiktion beruht, so ist dieselbe doch auch hier inhaltlich nicht schrankenlos. Ist irgend ein Kriegsschiff auf der Durchfahrt durch fremde Hoheitsgewässer begriffen, so hat es vielmehr sein Verhalten dementsprechend zu gestalten. Zunächst ist es, ähnlich wie das Kauffahrteischiff dem Zeremoniell unterworfen, welches der Uferstaat für fremde Schiffe vorgeschrieben hat, nur darf dasselbe unter keinen Umständen der Würde seiner Flagge widerstreiten. Nationalflagge wie Kommandozeichen ist zu setzen, beim Passieren von Küstenbefestigungen, auf denen die Nationalflagge weht, wird ein Kanonengruss von 21 Schüssen abgegeben, gleichzeitig die Nationalflagge im Grosstop gesetzt. Nichtbeobachtung dieses Saluts kann durch einen blinden Schuss von den Küstenbefestigungen aus gerügt werden. Ist dieser erfolglos, so schreiben Verordnungen einzelner Staaten (z. B. art. IX des östr. Reglements vom 20. Mai 1866) sogar scharfes Schiessen für die Batterien des Uferstaats vor¹). Kriegsschiffe mit weniger als 4 Geschützen sind gewohnheitsrechtlich von der Pflicht zum Salut befreit. Wie die Vorschriften über das Zeremoniell so sind auch die seepolizeilichen Vorschriften für die Kriegsschiffe trotz ihrer Ausnahmestellung bindend. Es liegt in der Natur der Sache, dass z. B. Vorschriften zur Verhütung von Zusammenstössen auf See, die der Uferstaat für sein Küstenmeer erliess, die Kriegsschiffe mit ergreifen müssen. Zweckmässig schliessen wir hier die Betrachtung der Frage an, welche **privatrechtlichen** Rechtsfolgen sich daraus ergeben könnten, dass ein Kriegsschiff durch Ausserachtlassen der Fahrordnung des Uferstaats oder ein anderes Verschulden innerhalb der Küstengewässer desselben ein Kauffahrteischiff in den Grund bohrt. Ein derartiger Fall hat sich am 24. Oktober 1886 auf der Rhede von Lissabon zugetragen. Das englische Kriegsschiff „Sultan" brachte, durch einen Windstoss losgerissen von der Ankerkette, das französische Fahrzeug „Ville de Victoria" zum Sinken und führte dadurch den Untergang von 31 Menschenleben auf demselben herbei. Fraglich könnte zunächst erscheinen, ob der Entschädigungsanspruch hier bei dem Gerichte des Uferstaats geltend gemacht werden könne, oder ob dem die Thatsache entgegenstehe, dass die Klage sich gegen einen auswärtigen Staat richte. Dem gegenüber stellt v. Bar²) fest, dass die civilprozessuale Zuständigkeit des örtlichen Gerichts gegenüber einem fremden Staate principiell nur dann ausgeschlossen sei, wenn es sich um Ansprüche handele, die aus einem Souveränetätsakt des beklagten Staates hergeleitet werden. Das ist hier offenbar nicht der Fall und art. 11 des bezüglichen Beschlusses des Instituts zu Hamburg nennt ausdrücklich unter den Klagen gegen einen fremden Staat, die man als „recevables" gelten lassen will: „Les actions en dommage intérêts nées d'un délit ou quasi-délit, qui a eu lieu sur le territoire." Eine andere Ansicht vertrat zwar bei Gelegenheit einer Interpellation des damaligen Abgeordneten von Havre Felix Faure der französische Minister des Auswärtigen Flourens in der Sitzung der französischen Kammer vom 7. Nov. 1886. Dieser hielt die portugiesischen Gerichte für durchaus unzuständig, seine Anschauung teilt Clunet³). Allerdings wäre eine Klage vor dem portugiesischen Gerichtshof immerhin von

---

1) In dem Fall des „Herzogs von Edinburgh" vor Cannes 1887 erfolgte nur eine Beschwerde der französischen Regierung beim engl. Ministerium.
2) v. Bar, Lehrbuch a. a. O. S. 345.
3) Clunet siehe Journal Bd. 15 von 1888 S. 226—237.

zweifelhaftem Werte, weil die portugiesischen Gerichte dem exterritorialen Kriegsschiff gegenüber keinerlei Exekutions-Möglichkeit etwa durch Arrestlegung gehabt hätten. Da auch die französischen Gesetze (nach Clunet) die Möglichkeit einer Klage gegen den britischen Staat nicht gewähren, andernfalls aber auch die Aussichten für eine Ausführung eines obsiegenden Urteils nicht besser gewesen wären, so blieb nur die Klage bei dem zuständigen englischen Gerichtshof offen. Es fragte sich, nach welchem Recht von diesem zu entscheiden sein würde. Die englische Regierung liess darüber keinen Zweifel aufkommen, dass in ihren Augen der Vorfall nur nach englischem Recht beurteilt werden konnte. Auch damit ist Clunet einverstanden, während v. Bar den schon oben erwähnten Beschlüssen des Antwerpener Kongresses und des Instituts zustimmt, die beide bei Zusammenstössen auf See zwischen Kriegs- und Kauffahrteischiffen keinen Unterschied machen in Bezug auf die für die Schadensersatzansprüche massgebenden Normen. Da nun nach englischem Recht die Ersatzpflicht wegen eines von einem Kriegsschiffe bewirkten Zusammenstosses nur den Schiffsbefehlshaber bei etwaigem Versehen („the actual wrong doer") trifft und bei der Höhe des Objektes und der besonderen Lage des Falls (der Schiffskommandant war doch wohl ohne jedes Verschulden) die Klage gegen diesen völlig aussichtslos war, so war Frankreich als Heimatstaat des untergegangenen Schiffes noch zu besonderem Danke verpflichtet, als man seitens der engl. Regierung den Hinterbliebenen der Verunglückten 20000 Pfund Sterling überwies!

Kehren wir nach dieser Abschweifung zu der rein völkerrechtlichen Rechtstellung der Kriegsschiffe zurück. Dasselbe wie von den seepolizeilichen Vorschriften des Uferstaats gilt auch von solchen gesundheitspolizeilichen Inhalts, nur dass hier sich die Kriegsschiffe oft besonderer Vergünstigungen erfreuen, so einer kürzeren Quarantänefrist, Zulässigkeit einer Erklärung des Kommandanten an Stelle des Gesundheitspasses, freier Wahl eines Ankerplatzes, Wegfall der Abgaben für Quarantäne und Ausstellung der Sanitätspapiere. Andere Gesichtspunkte werden ausschlaggebend, wenn es sich nicht um Vorschriften der Gesundheitspolizei sondern der Zollbehörden handelt. Hier fällt die besondere Bestimmung der Kriegsschiffe ins Gewicht, die ja nicht im Waarentransport zu erblicken ist. Eine Verordnung des Bundesrats vom 12. Okt. 1878 bestimmt deshalb für das deutsche Reich: „Eine zollamtliche Revision der fremdherrlichen Kriegsschiffe, sowie überhaupt das Betreten derselben im Zollinteresse findet nicht statt". Sobald jedoch Waaren vom Bord an's Land gebracht werden, werden sie von den Zollvorschriften des Uferstaats mit ergriffen und sind nicht dadurch steuerfrei, dass sie auf einem Kriegsschiff befördert wurden. Allgemein ist auch die Befreiung der Kriegsschiffe von jeder anderweitigen Abgabe anerkannt.

Dass ohne Erlaubnis des Uferstaats innerhalb des Küstenmeers ausser an Bord des Schiffes selbst keine militärischen Uebungen vorgenommen werden dürfen, bedarf kaum der Erwähnung. Kann durch dieselben, man denke nur an Schiessübungen, die allgemeine Sicherheit doch zu sehr gestört werden. Ebensowenig schliesst das Recht der passage inoffensiv die Befugnis in sich, innerhalb des fremden Küstenmeers nun militärische Vermessungen etwa für künftige Kriegszwecke vorzunehmen, solche sind vielmehr häufig ausdrücklich verboten (z. B. in § 10 jener schon erwähnten östr. Verordnung vom 20. Mai 1866 auf Kanonenschussweite). Perels[1]) will das Verbot militärischer Manöver wie von Vermessungen auf die „Durchfahrtsgewässer" also Meerengen, Kanäle u. s. w. soweit auch sie nationales Seegebiet sind, nicht ausgedehnt wissen. Unseres Erachtens ohne triftigen Grund, denn das Schutzbedürfnis des Uferstaats ist dasselbe, mag nun die Operation im eigentlichen Küstenmeer oder im nationalen Teil einer Meerenge vorgenommen werden.

Die internationalen Beziehungen, die sich aus der Desertion eines Marinesoldaten, der sich heimlich von Bord auf ein anderes Schiff oder in das Land-Gebiet des Uferstaats begeben hat, ergeben werden, glauben wir hier mit Fug übergehen zu können, da der Fall sich in der Regel nur im Hafen zutragen wird[2]). Ebenso der Fall des Deliktes eines Mitgliedes der Besatzung im Landgebiet des Uferstaats. Eher wäre es möglich, dass auch das auf der blossen Durchfahrt im Küstenmeer befindliche Schiff anhielte, um Flüchtlinge des Uferstaats aufzunehmen. Die rechtlichen Folgen eines solchen Geschehnisses sind bestimmt durch das Verhältnis, in welchem das Kriegsschiff im allgemeinen zur Jurisdiktion des Uferstaats steht. Aus der Thatsache der realen Exterritorialität des Kriegsschiffes hat man mit Recht den Schluss gezogen, dass

---

1) Perels im Archiv a. a. O. S. 489.
2) Vgl. darüber namentlich Perels im Archiv a. a. O. S. 493. Ortolan a. a. O. I. S. 313, 314, 307 u. 308, art. XVI der Resolution des Instituts über Auslieferung auf dem Kongress von Oxford 1880. Rolin in der Revue de droit int. Bd. XIX S. 372—73. Aus demselben Grund, wie oben, übergingen wir die Auslieferung entlaufener Mannschaften von Kauffahrern.

Kriegsschiff sei von der allgemeinen Jurisdiktion des Uferstaats völlig befreit. Da sich gegen diesen Schluss nichts einwenden liess, so wurde von einzelnen die Exterritorialität selbst bestritten[1]. Dann konnte man getrost die Exemtion von der uferstaatlichen Gerichtsbarkeit verneinen. Auf Grund dieses Widerspruchs wurde am 14. Februar 1876 durch Königl. Ordre in Grossbrittanien die Bildung einer Royal commission on fugitive slaves angeordnet, welche die Rechtslage der in den Ländern der Sklaverei an Bord englischer Kriegsschiffe geflüchteten Sklaven untersuchen sollte. Auch innerhalb dieser Kommission fand die Exterritorialität der Kriegsschiffe in fremden Hoheitsgewässern scharfe Gegnerschaft. Dennoch ist dadurch weder die herrschende Lehre der Wissenschaft noch die Praxis erschüttert worden. Die Mehrzahl der älteren wie jüngeren Autoren stimmen in diesem Punkte überein[2] und auch innerhalb jener Kommission hat, wie unten gezeigt werden soll, die herrschende Lehre den Sieg davon getragen.

Aus dieser Exterritorialität des Kriegsschiffs folgt eine Unantastbarkeit, die jede fremde, richterliche wie Polizei-Gewalt ausschliesst, eine Unantastbarkeit, die viel weiter geht als der Schutz des Gesandtschaftshotels. Wenn letzteres auch im Privateigentum des fremden Staats stehen mag, so ist dadurch keine reale Exterritorialität begründet, welche die dort von nicht exterritorialen Personen begangenen Delikte von der Verfolgung ausschliesst. Ganz anders bei dem Kriegsschiff, das seiner Natur nach als bewegliche Festung ein Teil des Heimatsstaates selbst ist. Hier ist jede richterliche oder polizeiliche Handlung deshalb überhaupt ausgeschlossen, ein an Bord des Kriegsschiffes etwa von dem Lootsen oder einer andern nicht zur Besatzung des Schiffs gehörigen Person begangenes Delikt, mag dasselbe auch die Interessen des Uferstaats verletzen, setzt den Thäter nicht der direkten Verfolgung durch den Uferstaat aus. An Bord des Kriegsschiffs kann weder irgend eine Durchsuchung und Verhaftung vorgenommen, noch das ganze Schiff auf Grund eines privatrechtlichen Anspruchs (etwa einer Haftung aus einer Ansegelung) mit Arrest belegt werden. Das gilt auch dann, wenn durch den Kommandanten des Schiffes

---

1) Vgl. die bei Perels im Archiv a. a. O. S. 689 zitierten.
2) Für Exterritorialität Phillimore a. a. O. Bd. I S. 399—401. Twiss a. a. O. S. 158. Calvo a. a. O. Bd. I S. 467. Ortolan a. a. O. Bd. I S. 176 ff. Cauchy a. a. O. Bd. II S. 157. Bischof a. a. O. S. 26. Perels, Seerecht a. a. O S. 101 u. ff. Archiv a. a. O. S. 689 ff. Attlmayr a. a. O. S. 33. Heffter-Geffken a. a. O. S. 177. Auch Harcourt in einem Brief an die Times vom 4. Nov. 1875.

etwa die Normen des Uferstaats verletzt sein sollten, die für ihn wie oben gesagt bindend sind, so die Vorschriften, die zur Sicherung der Schiffahrt im Küstenmeer durch den Uferstaat erlassen sind. Auch hier ist der Uferstaat, wenn er eine Bestrafung des Schuldigen durchsetzen will, ganz auf die diplomatische Vermittlung angewiesen, ein direktes Eingreifen seinerseits erscheint ausgeschlossen. Der Kommandant des Kriegsschiffs ist eben nur seinen vorgesetzten Behörden, keinem Dritten verantwortlich.

Das Recht der Selbst-Verteidigung, der völkerrechtlichen Notwehr, falls das fremde Schiff in Friedenszeiten sich irgend welcher Eingriffe in die Rechte des Uferstaats schuldig macht, bleibt natürlich durch diese Unabhängigkeit des Kriegsschiffs von der uferstaatlichen Justiz unberührt.

Eine notwendige Konsequenz dieser völligen realen Exterritorialität des Kriegsschiffs ist das Asylrecht an Bord des Schiffes. Denn wenn die uferstaatliche Polizei das Kriegsschiff fremder Flagge im Küstenmeer nicht betreten, geschweige denn dort Amtshandlungen vornehmen darf, so gewähren dieses Verbot des introitus wie der districtio dem Flüchtling den Schutz des Asyls. Die Gewährung eines solchen Asyls hängt natürlich ganz von dem Kommandanten bezw. der ihm erteilten Order ab. Immerhin würde es jedoch eine Verletzung des Uferstaats bedeuten, wenn ein fremdes Kriegsschiff die von ihm verfolgten Verbrecher in Sicherheit brächte, eine Verletzung, für die der Beteiligte mit Recht auf diplomatischem Wege Genugthuung fordern könnte. Anders bei einer Asylgewährung gegenüber politischen Flüchtlingen, die vielleicht Staatsangehörige des Heimatstaats des Kriegsschiffs sind.

Immer kann der Uferstaat auf diplomatischem Wege die eigentliche Auslieferung des Schützlings von Staat zu Staat zu erlangen suchen und wird dieselbe, zumal wenn er sich auf Auslieferungsverträge stützen kann, in nicht seltenen Fällen erreichen.

Indem die Commission on fugitive slaves sich auf den Boden der Exterritorialität der Kriegsschiffe stellte, konnte sie die vielerörterte Frage, ob Sklaven sich durch die Flucht auf ein Kriegsschiff der Polizei des Uferstaats und damit ihrem Knechtschaftsverhältnis entziehen könnten, nur in bejahendem Sinne beantworten. In § 1 einer im Jahre 1876 an die Befehlshaber der britischen Kriegsschiffe ergangenen Instruktion heisst es[1]): „In any case in

---

1) Abgedruckt bei Perels, Archiv a. a. O. S. 700.

which a fugitive slave has been recieved on board of British Man-of-War and taken under the protection of the British flag, whether or beyond the territorial waters of any state no demand made for his surrender on the ground of slavery is to be admitted or entertained."

Damit glauben wir unsere Erörterung über die besondere Rechtsstellung der Kriegsschiffe, soweit das Küstenmeer für dieselbe in Betracht kommt, schliessen zu können und wenden uns im folgenden der Darlegung der Rechtsverhältnisse im Küstenmeer zu, soweit sie durch den Krieg Veränderungen erleiden.

II. Das Küstenmeer im Krieg.

§ 10. Das Küstenmeer der Neutralen.

Unter Neutralität verstehen wir „den Zustand unparteiischer Nichtteilnahme gegenüber einem bestehenden Kriegszustand" [1]). Die Neutralität kann sich auf vertragsmässige Verpflichtungen wie auf freiwilligen Entschluss des betreffenden Staates gründen. Das erste jener Summe von Rechten und Pflichten, welche die Neutralität in sich schliesst, ist die Unverletzbarkeit des Gebiets des neutralen Staates und die ungestörte Ausübung aller Hoheitsrechte in demselben.

Da nun das Staatsgebiet sich über die Küste auf den nächsten Teil des Meeres ausdehnt, so erstrecken sich Rechte und Pflichten der Neutralität auf dieses Seegebiet. Das Institut beschränkt dasselbe, wie oben gesagt auf 6 Seemeilen, giebt aber dem Uferstaat in art. IV seiner Resolution das Recht, seine Neutralität auf Kanonenschussweite auszudehnen. Dazu soll es jedoch nicht blosser Ausführung, sondern einer öffentlichen Erklärung oder besondern Kundgabe gegenüber den kriegführenden Mächten bedürfen. Ist eine solche erfolgt, so würden wir zwischen jenen beiden Zonen des Küstenmeeres in bezug auf die Neutralität nicht mehr zu unterscheiden brauchen.

Unzweifelhaft würde der Uferstaat am besten in der Lage sein, seine Neutralität vor jeder Verletzung zu wahren, falls er die Kriegsschiffe der kämpfenden Parteien von seinen neutralen Gewässern völlig ausschliessen könnte. Thatsächlich ist ein solches Recht auch vielfach behauptet worden, so von Hautefeuille in seinem erschöpfenden Werke „nations neutres en temps de guerre"

---

1) Geffken im Handbuch a. a. O. Bd. IV S. 605.

maritime, wo er sogar behauptet: „Si le droit de passage existe, l'indépendance n'existe plus, il n'y a plus de souveraineté" [1]). Ebenso entschieden sagt von Kaltenborn [2]): „freilich stimmen alle Autoren darin überein (?), dass es einzig von der freien Willkür des Neutralen abhänge, dergleichen (gemeint ist die Durchfahrt) zu gestatten." Denselben Standpunkt vertritt auch noch Geffken [3]). Alle drei Autoren betrachten zwar die Sperrung des Küstenmeers für Schiffe der Kriegführenden nicht als Pflicht, wohl aber als Recht der Neutralen und kennen nur die Soenot als Ausnahme, in der der Zutritt zu den Küstengewässern immer zu gestatten sei.

Praktisch wurde die ganze Frage durch den von der Tann-Fall im Juli 1850. Um seine Neutralität zu wahren, hatte der Senat der freien Hansestadt Lübeck festgesetzt, Kriegsschiffe der dänischen oder schleswig-holsteinschen Flagge würden in seinem Küstenmeer auf Kanonenschussweite nur geduldet, wenn sie bereit seien, sich entwaffnen zu lassen. Auf Grund dieser Bestimmung wurde dann jenes schleswig-holsteinische Schiff aus den lübischen Gewässern verwiesen.

Will man die Zulässigkeit solcher Massregel prüfen, so ist es gänzlich falsch, wie ein Teil der für das Recht der Sperrung eintretenden Autoren, so Hautefeuille, hier die Analogie der Truppendurchmärsche zu Hülfe zu nehmen. Natürlich ist kein Staat verpflichtet, den Truppen der Kriegführenden den Durchmarsch zu gestatten, aber auch in Friedenszeiten verbindet ihn nichts, sich fremde Truppendurchmärsche gefallen zu lassen. Anders bei Kriegsschiffen im Küstenmeer. Hier ist eben die Gerechtsame aller Staaten von Belang, das Küstenmeer für die friedliche Durchfahrt sei es mit Kauffahrtei- oder Kriegsschiffen zu nutzen. Soll die Ausübung dieser Berechtigung zu Kriegszeiten für die Kriegführenden ruhen? Das wäre doch nur dann begrifflich erforderlich, wenn die friedliche Durchfahrt „passage inoffensiv" für Schiffe der Kriegführer der Natur der Sache nach unmöglich. Das ist aber keineswegs der Fall. Wenn beide kriegführenden Parteien die Neutralität des Uferstaats achten und in seinem Küstenmeer sich vor kriegerischen Handlungen hüten, dann können sie dasselbe doch noch zur friedlichen Durchfahrt wie zu Friedenszeiten benutzen. Weshalb soll also ihre Gerechtsame in Kriegszeiten nicht ausgeübt

---

1) Hautefeuille, Des droits et des devoirs des nations neutres en temps de guerre maritime. Paris 1848. Bd. I. S. 426.
2) v. Kaltenborn, Kriegsschiffe auf neutralem Gebiet. Hamburg 1850. S. 29.
3) Geffken a. a. O. S. 663.

werden? Es giebt schlechthin keinen Grund zu deren Verneinung. Diese Anschauung finden wir auch bei Ortolan[1], Woolsey[2], Perels[3] und Godey[4] vertreten. Natürlich braucht und darf der Uferstaat nicht dulden, dass sein Küstenmeer zum Kriegsschauplatz werde. In diesem Sinne spricht ihm art. V der Resolution des Instituts das Recht zu: de *reglementer* le passage dans ladite mer pour les navires de guerres de toutes nationalités. Solche Reglements des Uferstaats pflegen vorwiegend die Bedingungen zu enthalten, unter denen der Neutrale notwendige Reparaturen am Schiff und an den Booten, Einnahme von Wasser, Proviant und Kohlen gestatten will, ferner Verbote der Einnahme von Waffen und Munition, Ergänzung der Besatzung u. s. w. In allen diesen Fällen handelt es sich ja eigentlich um einen vorübergehenden Aufenthalt der Kriegführenden in den Häfen des Neutralen, es findet sich jedoch darin auch die feststehende und allgemein anerkannte Regel wiederholt, dass auch nur auf der Durchfahrt befindliche Kriegsschiffe das Küstenmeer nicht zum Schauplatz ihrer kriegerischen Unternehmungen machen dürfen.

Dieser wichtige Rechtssatz des Völkerrechts bedeutet zunächst für den Kriegführenden ein Verbot jeder direkten Feindseligkeit gegenüber seinem Gegner, so lange einer von beiden sich im Küstenmeer des Neutralen befindet. Vereinzelt wollte man bei der Beratung des Instituts sogar dem Kriegführenden Akte der Feindseligkeit im freien offenen Meer verbieten, wenn darunter das angrenzende Küstenmeer zu leiden hätte. Mit Recht wandte v. Bar hiergegen ein, das hiesse Gesetze für das freie Meer, nicht für das Küstenmeer vorschlagen.

Der Kriegführende würde sich jedoch einer schweren Verletzung der Rechte des Uferstaats schuldig machen, wollte er innerhalb der Küstengewässer einen Kampf beginnen oder fortsetzen. Der Neutrale hat das Recht und die Pflicht alle ihm zu Gebote stehenden Machtmittel, Kriegsschiffe, Küstenbatterien u. s. w., aufzubieten, um den Beginn oder die Fortsetzung des Kampfes innerhalb seiner Gewässer zu vereiteln[5]). Er kann sich des Schiffes, das seine Neutralität gröblich verletzt hat bemächtigen, es völlig zerstören oder ins Meer versenken.

---

1) Ortolan a. a. O. Bd. II S. 285.
2) Woolsey a. a. O. S. 282.
3) Perels, Seerecht a. a. O. S. 225.
4) Godey a. a. O. S. 89.
5) Als 1870 auf der Rhede von Havannah der Kommandant des deutschen

Von diesem Prinzip hat man verschiedentlich Ausnahmen behauptet. Zunächst für den Fall, dass die Feindseligkeiten der Kriegführenden zwar innerhalb des neutralen Küstenmeeres, aber an einer verlassenen unbefestigten Küste stattfänden. Namentlich Ortolan[1]) will dann die Verpflichtung zur Beobachtung der Neutralität nicht zu streng aufgefasst wissen. „Il serait regulier", sagt er, „de s'abstenir en toute situation de tout acte d'hostilité en deçà de cette ligne, qu'on appelle ligne de respect. Mais en fait, on conçoit que les opérations militaires d'une action maritime ne comportent pas une précision mathématique aussi rigoureuse, que l'officier commandant lorsqu'il n'a en vue qu'une côte inculte, inhabitée, dénuée de tout signe de la puissance territoriale, puisse se laisser entraîner au delà de la règle précise et qu'il soit évident cependant qu'il n'a pas eu l'intention d'offenser l'Etat neutre ni de violer sont droit d'empire. Nous pensons que les circonstances de faits pareils devraient entrer en ligne de compte comme causes d'excuse. Mais la violation de l'immunité attachée au territoire neutre est surtout flagrante et manifeste lorsque des hostilités sont exercées dans les eaux clauses telles que celles des ports et des rades . . . . Il en est de même dans des mers littorales, sur des côtes ouvertes où il existe des moyens de defense". Uns scheint Ortolan dabei mehr von seinem Standpunkt als Marineoffizier, dem es freilich schwer fallen muss, einen günstigen Moment zu einer Kriegsthat der Neutralität des Küstenmeeres wegen vorübergehen zu lassen, wie als Recht und Unrecht sorgsam abwägender Jurist zu urteilen. Besonders seine Unterscheidung, ob das Küstenmeer thatsächlich mit Kanonen beherrscht wird, erscheint wenig glücklich, ja bedeutet geradezu einen Rückschritt. Es mag genügen, festzustellen, dass diese Lehre von Ortolan, nur geeignet das Prinzip der Neutralität zu durchlöchern, auf den entschiedensten Widerstand gestossen und niemals zu einer auch nur beschränkten Anerkennung gelangt ist.

Ebenso ist eine zweite Ausnahme von jenem Rechtssatz heute

Kriegsschiffs Meteor mit dem Kommandanten des franz. Schiffes Bouvet einen Kampf verabredet hatten, wurden beide von spanischen Schiffen bis zur Grenze des Küstenmeers geleitet. Letztere fassten dort Posto, um über die Neutralität des Küstenmeers zu wachen. Als der Bouvet durch den Meteor kampfunfähig gemacht war und letzterer die Verfolgung aufnehmen wollte, erklärten die Kapitäne der spanischen Schiffe, dass Meteor wie Bouvet sich jetzt augenblicklich in spanischen Territorialgewässern befänden und die Verfolgung musste unterbleiben.

1) Ortolan a. a. O. Bd. II S. 287 u. ff.

völlig verworfen[1]), die Bynkershoek verteidigt hatte[2]). Letzterer wollte eine Verfolgung in das neutrale Gebiet hinein zulassen, die sich unmittelbar an ein Gefecht auf hoher See anschlösse („dum fervet opus"). Auch das heisst die Neutralität thatsächlich verneinen.

Wenn Godey[3]) glaubt eine Ausnahme der Pflicht zur Beobachtung der uferstaatlichen Neutralität darin sehen zu müssen, dass es den Kriegführenden freistehe auf offener See, aber in gefährlicher Nähe des Küstenmeers zu kämpfen, so übersieht er, dass, wie oben dargelegt, die entgegengesetzte Annahme eine Beschränkung im freien Gebrauch des offenen Meeres bedeute. Ebenso wünschenswert, wie es natürlich wäre, dass die Kriegführenden solche Rücksicht auf die Neutralen nähmen und zumal bei Nacht oder, wenn sonst ein Ausweichen für neutrale Schiffe im neutralen Meer unmöglich, nicht an der Grenze des Küstenmeers kämpften, ebenso unmöglich ist es, eine derartige völkerrechtliche Verpflichtung zu konstruieren. — Deshalb erscheint es uns mehr als fraglich, ob der Uferstaat einen Anspruch auf den Ersatz des materiellen Schadens hat, den ein Schiff seiner Flagge trotz aller Vorsichtsmassregeln im Küstenmeer durch ein Gefecht der Kriegführenden auf hoher See gelitten hat.

Es unterliegt keinem Zweifel, dass der Kriegführende im neutralen Küstenmeer ebensowenig kriegerische Unternehmungen gegen Privatschiffe wie gegen feindliche Kriegsschiffe ausführen darf und dass ihn auch nicht der Zustand der Defensive zu kriegerischen Thaten berechtigt. Allerdings kennt die Geschichte des Völkerrechts eine Reihe von Fällen, wo diese Grundsätze gröblich verletzt wurden[4]). Doch erfuhr jede dieser Verletzungen einen entschiedenen Protest, in den meisten Fällen wurde derselbe anerkannt und die Verletzung durch eine Genugthuung gesühnt. Nur einzelne solcher Fälle haben für uns ein besonderes Interesse. So glaubte einst ein französischer Kaper die Wegnahme eines portugiesischen Schiffes Nossa Senhora do Carmelo in den neutralen amerikanischen Gewässern damit recht-

---

1) Als 1862 ein engl. Schiff von dem amerikanischen Kreuzer Adirondack in die Gewässer der Bahamas verfolgt wurde, entschuldigte die amerikanische Regierung sich wegen dieser „inexcusable violation of the law of nations". In diesem Sinne urteilt neben Wheaton, Ortolan, Klüber, Perels, Calvo auch Godey a. a. O. S. 101.
2) van Bynkershoek, Quaestiones iuris publici l. I cap. VIII.
3) Godey S. 100 ff.
4) Geffken a. a. O. S. 668.

fertigen zu können, dass die amerikanische Küste dort nicht thatsächlich durch Batterien geschützt gewesen, mithin keine Ausdehnung der Gebietshoheit des Uferstaats auf das Küstenmeer vorgelegen habe, ein Einwand, der durch das Erkenntnis des französischen Prisengerichts von 27. Fruktidor VIII (1797) für völlig nichtig erklärt wurde[1]).

Bei einer andern Gelegenheit, als der amerikanische Kaper „General Armstrong" am 27. Sept. 1814 durch ein portugiesisches Kriegsschiff desshalb beschossen war, weil der Amerikaner im neutralen portugiesischen Küstenmeere gegen ein englisches Geschwader gekämpft hatte, glaubten die Vereinigten Staaten einen Anspruch auf Entschädigung damit begründen zu können, ihr Kriegsschiff habe sich den Engländern gegenüber in der Defensive befunden, durch die blosse Verteidigung sei kein Verstoss gegen die Neutralität des Küstenmeers begangen. Erst im Jahre 1851 wurde dieser Fall durch den Präsidenten der französischen Republik dahin entschieden: auch in der Verteidigung des „Generals Armstrong" innerhalb des neutralen Küstenmeeres liege eine Neutralitätsverletzung, mithin könne Portugal nicht verpflichtet sein, für die verdiente Züchtigung des Neutralitätsbruchs Genugthuung zu geben.

Betrachten wir die Stellung des Kriegführenden gegenüber Privatschiffen im neutralen Küstenmeer im besonderen, so ist, wie schon aus jenem Erkenntnis des französischen Prisengerichts hervorgeht, für den Kriegführenden jegliches Prisenrecht, d. h. das Recht der Aneignung **feindlichen** schwimmenden Privateigentums im neutralen Küstenmeer völlig ausgeschlossen. Dieser geltende Rechtssatz hat Aufnahme gefunden in das Prisenreglement des Instituts für internationales Recht, das in § 8 bestimmt: „Le droit de prise ne peut être exercé que dans les eaux des belligérants et en haute mer, il ne peut être exercé dans les eaux neutres ni dans les eaux qui sont expressement par traité mises à l'abri des faits de guerre[2]). Hat ein Kriegsschiff oder ein Kaper gleichwohl im neutralen Meer eine Prise aufgebracht, so bedeutet das einen schweren Einbruch in die Rechte des Neutralen. Wie letzterer desshalb sogleich zur Wahrung seiner Unantastbarkeit einzuschreiten befugt ist, so kann er erforderlichenfalls auch nach geschehener That auf diplomatischem Wege Rückgabe und Genug-

---

[1]) So urteilte man schon mehr wie ein halbes Jahrhundert vor Ortolan, der wie oben gesagt hier eine Ausnahme konstruieren wollte!
[2]) Annuaire a. a. O. Bd. IX von 1888 S. 219 ff.

thuung fordern. Keinenfalls darf ihn der betreffende Staat mit seinem Anspruch vor sein Prisengericht verweisen. Streitig ist hier, ob nicht aber der geschädigte Privatmann selbständig seinen Anspruch auf Herausgabe der Prise gegenüber dem Nehmestaat und seinem Gerichte geltend machen kann. Ortolan[1]) verneint diese Frage und stützt sich dabei auf Wheaton. Auch Gessner[2]), Hautefeuille[3]) und Perels[4]) nehmen nur eine relative Nichtigkeit der Prise an, die bloss von dem verletzten neutralen Staate geltend gemacht werden könne. Uns scheint doch auch der Privatmann, der oder dessen Vertreter im Vertrauen auf den Schutz des neutralen Meeres vielleicht das friedliche Kriegsschiff dicht herankommen liess, während er ihm leicht hätte entschlüpfen können, durch den Neutralitätsbruch des Kriegführenden widerrechtlich geschädigt. Besass letzterer nicht das Recht, im neutralen Meer Prisen zu machen, so hat er sich in den Besitz fremden Eigentums gesetzt, und es liegt kein Grund vor, weshalb der Eigentümer nicht auf Herausgabe seines Eigentums sollte klagen und die endgültige Zuschlagung des Eigentums an den Nehmer durch das Prisengericht hindern können. Eine solche Befugniss giebt dem Geschädigten auch § 14 der Foreign Enlistement Act für Grossbrittanien vom Jahre 1870: „it shall be lawfull for the original owner of such prize or his agent or for any person authorized in that behalf by the Governement of the foreign State, to which such owner belongs to make application to the court of Admiralty for seizure and detention of such prize and the court shall on due proof of the facts, order such prize to be restored." Ebenso urteilt auch Bulmerincq, wie Perels zugeben muss. Paragraph 9 des Prisenreglements des Instituts sagt nur: „Les prises faites dans les eaux neutres ou dans les eaux qui sont mises par traitré à l'abri des faits de guerre, sont nulles. Les navires ou objets captures doivent être livrés à *l'État neutre* ou riverain, pour être restitués par *cet État* à leur propriétaire primitif. En outre l'État du capteur est responsable de tous les dommages et pertes." Damit ist nur das Verhältnis von Staat zu Staat berührt.

Wenn England ein dahingehendes Erkenntnis seines Admiralitätsgerichtshofes zur Bedingung der Freigabe einer in neutralen Gewässern gemachten Prise macht, so ist anzunehmen, dass für

---

1) Ortolan a. a. O. t. II S. 298 u. 99.
2) Gessner, Droits des neutres sur mer deuxième éd. Berlin 1876. S. 344.
3) Hautefeuille nations neutres a. a. O. tom. IV S. 265 u. 66.
4) Perels, Seerecht a. a. O. S. 233.

den Fall, jenes Erkenntnis entspräche nicht den allgemein anerkannten Regeln des Völkerrechts, England auf Grund desselben nicht von seinen völkerrechtlichen Verpflichtungen zur Freigabe befreit würde. Derartige, nach den Normen des Völkerrechts unhaltbare Urteile sind der Geschichte leider nicht fremd. Als z. B. im letzten deutsch-französischen Kriege das mecklenburgische Schiff „Frei" angesichts des Leuchtturms von Dungeness im englischen Küstenmeer vom französischen Kriegsdampfer Desaix aufgebracht war, erklärte trotzdem das französische Prisengericht durch Urteil vom 10. Januar 1871 diese Prise als „légale". Leider erhob das in seiner Neutralität verletzte England keinen Widerspruch [1]).

Wie kein Kriegsschiff im neutralen Meer Prisen von **feindlichem** Privateigentum machen kann, so ist auch das Eigentum der **Neutralen** im neutralen Küstenmeer unter allen Umständen geschützt, es giebt also für die Kriegführenden im neutralen Küstenmeer kein Recht auf die sogenannte **Kriegskontrebande**. Eine Definition derselben versuchte § 30 des Prisenreglements des Instituts zu geben: „Sont sujets à saisie durant la guerre les objets susceptibles d'être employés à la guerre immédiatement, qui sont transportés par des navires de commerce nationaux neutres ou ennemis pour le compte ou à destination de l'ennemi (contrebande de guerre). Les gouvernements belligérants auront à déterminer d'avance à l'occasion de chaque guerre les objets qu'ils tiendront pour tels [2])." Die Frage des Rechts der Kriegführenden auf solche Kontrebande gehört in ihren Einzelheiten zu den schwierigsten und vielerörtertsten des Völkerrechts [3]), doch herrscht **Einstimmigkeit** darüber, dass ein solches Recht, wie schon gesagt, im neutralen Küstenmeer nicht besteht. Als ausgeschlossen erscheint demnach dort auch das Recht der Kriegführenden Schiffe anzuhalten (droit d'arrêt), zu betreten (droit de la visite), zu durchsuchen (droit de la recherche) und endlich aus den völkerrechtlich bestimmten Gründen aufzubringen (droit de la saisie). Obgleich auch diese Normen wiederholt übertreten wurden (es

---

1) Wollheim da Fonseca, Der deutsche Seehandel und die französ. Prisengerichte. Berlin 1873. S. 82—91.
2) § 84 des Pariser Reglements stellt solchen Sachen, deren Transport den Neutralen verboten ist, Truppen gleich, die zu den Unternehmungen des Feindes bestimmt sind.
3) Vgl. jetzt die in der letzten Session des Instituts (1896) angenommenen Regeln über die Kriegs-Kontrebande: Annuaire. Bd. 15. S. 230 ff.

wurde z. B. im letzten russisch-türkischen Krieg am 25. Juli 1877 die deutsche Barke Oceanus durch ein russisches Kanonenboot im japanischen Küstenmeer angehalten) so hat das Institut doch nur den bestehenden Rechtszustand festgelegt, wenn es in §§ 10 u. 14 seines Prisenreglements sagt (§ 10): „Les navires de guerre d'un État belligérant sont autorisés à arrêter dans les cas prévus par le règlement tout navire de commerce ou privé qu'ils rencontrent dans les eaux de leur État ou en haute mer et *ailleurs qu'en des eaux neutres* ou soustraites aux faits de guerre. (§ 14): Le droit de visite s'excerce dans les *eaux des belligérants* en tant qu'elles ne sont pas mises par traité à l'abri des faits de guerre et *en haute mer*."

Ausser allen direkten Handlungen der Feindseligkeit gegen fremde Schiffe muss der Kriegführende im neutralen Küstenmeer aber auch alle Massregeln unterlassen, die dem Uferstaat gerechtermassen als Vorbereitung zu kriegerischen Unternehmungen in seinem Küstenmeer erscheinen können. Keiner der Kriegführenden darf das neutrale Küstenmeer zum Stützpunkt beabsichtigter Aktionen machen. Ein Kreuzen innerhalb der Küstengewässer, um Schiffe feindlicher Flagge oder neutrale Schiffe mit Kontrebande abzufangen, ein Sich-Festlegen an irgend einer Stelle, vielleicht im Schutz kleiner Inseln oder Baien im Küstenmeer, um von dort aus den feindlichen Schiffen aufzulauern, ist gänzlich unzulässig. Im Fall der „Twee Gebroeders" (1800) sprach Lord Stowell diesen Grundsatz mit den Worten aus: „No use of a neutral territory for purposes of war is to be permitted. No proximate acts of war, that is, are in any manner to be allowed to originate on neutral grounds". Als deshalb am 11. Oktober 1870 der deutsche Gesandte durch eine Note Protest bei der japanischen Regierung dagegen erhob, dass sie als neutraler Staat nicht eingeschritten sei, wie die französische Korvette Linois sich vor den Eingang der Bucht von Yeddo gelegt habe, um sich eines unmittelbar vorher ausgegangenen deutschen Kauffahrers zu bemächtigen, antwortete die japanische Regierung schon am folgenden Tage in einer Note, durch die sie sofortige Abhülfe mitteilte. Dieselbe wurde dadurch getroffen, dass man eine frühere Neutralitätserklärung im Sinne der englischen Instruktion vom 31. Januar 1862 ergänzte. Letztere, die das Vorbild für zahlreiche ähnliche Verordnungen geworden ist [1]), hatte folgenden Wortlaut: „In all

---

1) So der engl. Verordnung vom 19. Juli 1870, die der Vereinigten Staaten vom 8. Okt., die italienische vom 26. Juli 1870 art. 11, spanische art. 6, portugiesische art. III § 4, holländische vom 20. Juli art. 5.

cases in which there shall be any vessels (whether ships of war, privateers or merchant ships) of both the said belligerent parties in the same port, roadstead or *waters within the territorial iurisdiction* of Her Majesty, there shall be an interval of not less than 24 hours between the departure of any such vessel (whether a ship of war, a privateer, or a merchant ship) of the one belligerent and the subsequent departure there from any ship of war or privateer of the other belligerent and the time, hereby limited, for the departure of such ships of war and privateers respectively, shall always, in case of neccessity, be extended, so far as may be requisite for giving effect to this proviso, but not further or othewise".

Bei der Erörterung der Rechtsstellung der Kriegführenden in neutralen Gewässern wird häufig dem Einlaufen mit legalen Prisen in neutralen Häfen, der Landung von Gefangenen und der Ausrüstung von Kriegsschiffen dort ein besonderer Abschnitt gewidmet. Diese Fragen glauben wir hier übergehen zu können, da es sich in jenen Fällen örtlich regelmässig um die Häfen, nicht um das eigentliche Küstenmeer handelt. Ehe wir jedoch dieses Kapitel unseres Themas verlassen, müssen wir noch auf eines hinweisen.

Ausgehend von der **Verpflichtung** des neutralen Uferstaats, die Durchfahrt der Kriegführenden durch seine Neutralitätszone zu gestalten, sehen wir in den Beschränkungen des Kriegführenden im neutralen Küstenmeer **Rechte** des Uferstaats. Aber wie jedes öffentliche Recht, so ist auch das der Neutralität in erster Linie eine öffentliche **Pflicht**. Der Begriff der Neutralität erfordert, dass der Neutrale nicht nur in seinem **Thun** unparteiisch handelt, sondern auch sich keiner Unterlassung schuldig macht, die der einen Partei zum Vorteil, der andern direkt oder indirekt zum Nachteil gereicht. Der neutrale Uferstaat hat also ängstlich über die Neutralität seines Küstenmeers, wie wir sie in ihren Folgen darzustellen versucht, zu wachen. Würde er es z. B. dulden, dass in seinem neutralen Küstenmeer eine Prise gemacht wäre und keine Genugthuung für solche Verletzung fordern, so würde er dem Heimatsstaat des genommenen Schiffes für allen Schaden verantwortlich werden, ja er würde im Wiederholungsfalle Gefahr laufen, dass der verletzte Kriegführende seine Neutralität nicht mehr anerkennt und ihn als Bundesgenossen seines Gegners betrachtet. In diesem Sinne sagt § 2 des Vertrages, der am 8. Mai 1871 zu Washington zwischen Grossbritannien und den Vereinigten Staaten über die Normen abgeschlossen wurde, nach denen das zu Genf eingesetzte Schiedsgericht über den bekannten Alabama-Fall aus dem Sezessionskriege urteilen sollte: „Eine neutrale Macht ist **verbunden**, nicht zu erlauben oder zu dulden, dass einer der Kriegführenden sich ihrer Häfen oder Gewässer als Basis maritimer Operationen gegen den anderen bediene (oder dazu, seine Kriegsvorräte und Waffen zu erneuern oder zu vermehren, noch Mannschaften anwerbe)". Und der folgende Paragraph jenes Vertrages fährt fort: „Eine neutrale Macht ist **verbunden**, hinreichende Sorgfalt in ihren eigenen Häfen und Gewässern, sowie in bezug auf alle Personen hinsichtlich ihrer Jurisdiktion zu verwenden, um jede Verletzung der vorbenannten Verpflichtungen zu verhindern". — Diese Regeln des Vertrags von Washington hat das Institut während seiner Genfer Session im Jahre 1874 „l'application de principes iuridiques reconnus" genannt[1]). Es bleibt natürlich bei der Aufwendung aller pflichtgemässen Sorgfalt durch den Uferstaat nicht ausgeschlossen, dass trotzdem eine Verletzung der Neutralität vorkommen kann. Solche Fälle wird man, wie auch das Institut bei der Besprechung der Washingtoner Normen angenommen hat, dem Uferstaat **nicht** zur Last legen können.

Godey wirft die Frage auf, ob es für den Uferstaat neben der Pflicht zur Duldung der **Durchfahrt** der Kriegführenden und neben der Pflicht der **Aufrechterhaltung der Neutralität** in seinem Küstenmeer noch eine dritte, die der **Asylgewährung** gegenüber flüchtigen Kriegsschiffen gäbe und beschäftigt sich ausführlich mit ihrer Beantwortung[2]). Unseres Erachtens gehört diese Frage **nicht** in die Lehre vom Küstenmeer. Ist das flüchtige Schiff einer kriegführenden Partei in das neutrale Küstenmeer hineingeraten, so befindet es sich dort eben auf der Durchfahrt, mag es an der neutralen Küste entlang oder auf einen Hafen zu segeln. Ob der Uferstaat es nun in seinem Hafen aufnehmen muss, ob er dulden darf, dass es denselben vielleicht versehen mit neuen Vorräten, neuer Munition, neuer Mannschaft, wieder verlässt, das alles ist Hafenrecht, nicht Recht des Küstenmeers. Godey muss denn auch selbst zugeben, dass die Frage bisher von den Schriftstellern des Völkerrechts bei der Lehre vom Küstenmeer niemals erörtert ist. Auch wir glauben an dieser Stelle mit Fug und Recht von solcher Erörterung absehen zu können und wenden uns vielmehr im folgenden der Betrachtung der Rechtslage im Küstenmeer der Kriegführenden zu.

---

1) Annuaire a. a. O. Bd. I von 1877 S. 33 u. 34.
2) Godey a. a. O. S. 103—113.

§ 11. Das Küstenmeer der Kriegführenden.

Es liegt in der Natur der Dinge, dass für den zur See Kriegführenden das Küstenmeer seines Gegners als Teil des feindlichen Territoriums auch mit in erster Linie als Kriegstheater in Betracht kommt. Und wie das Küstenmeer des Feindes Schauplatz jeglicher Art von kriegerischen maritimen Operationen sein wird, so vorzüglich einer der Küste eigentümlichen Kriegs-Unternehmung: der Blokade. Man hat das Wesen der Blokade in die allerengste juristische Verbindung mit dem Küstenmeer zu bringen versucht. Vorzüglich geschah das durch Hautefeuille[1]), der kurz folgende Theorie aufstellte: Das beste Mittel den Gegner im Kriege zur Unterwerfung zu zwingen, ist die Eroberung seines Territoriums. In dem eroberten Territorium übt der kriegführende Souverän alle Rechte der Gesetzgebung wie in seinem eigenen Lande. In letzterem kann der Gesetzgeber Fremden den Zugang und Handel nach Gutdünken verbieten und die Strafen für die Uebertretung seines Verbotes festsetzen. Bemächtigt sich nun der Kriegführende des feindlichen Küstenmeers „il en est devenu le souverain, il y exerce tous les droits de la souveraineté. En vertu de ces droits de sa toute-puissance et de son indépendance parfaite et absolue il refuse à tous les étrangers la permission de traverser ses nouveaux États, il prohibe le commerce de transit sur ses possessions et ajoute à cette prohibition une sanction pénale, analogue à celle qui est prononcée par presque toutes les lois de douanes, la confiscation. Ce n'est pas un droit spécial à la guerre, mais un droit absolu, le droit d'indépendance et de souveraineté." Damit rechtfertigt Hautefeuille die Blokade als Eroberung des Territorialmeers. Aehnlicher Ansicht ist Ortolan[2]).

Die herrschende Lehre hat diese Anschauung verworfen.

Eine Blokade kann sich nicht auf die Eroberung des Territorialmeers und den behaupteten Uebergang der Souveränetätsgewalt dort auf den Eroberer stützen; denn letzterer tritt, sollte er auch thatsächlich Herr des Küstenmeers geworden sein, nicht durch blosse Besitzergreifung an die Stelle der bisherigen Staatsgewalt, solange ihr noch eine Fortsetzung des Kampfes möglich ist.

Hinzutritt die Erwägung, dass in allen Fällen, in denen die Küste zur Verteidigung ausgerüstet ist, der Blokirende niemals

---

1) Hautefeuille droits et devoirs a. a. O. tom. IV S. 1—24; 49—64.
2) Ortolan a. a. O. tom. II S. 327.

Herr des Territorialmeers ist, gleichwohl aber, wenn er sich ausser Schussweite der Küstengeschütze hält, seine Blokade glänzend durchführen kann. Die Absperrung des Feindes von der Wasserseite beruht also **nicht** auf der Ausübung eines Herrschaftsrechtes im eroberten Gebiet, und wir geben Cauchy recht, der scharfsinnig den Schluss zieht[1]): „Du moyen de cette théorie ingénieuse on a — chose étrange — fait rentrer le droit plus exorbitant de la guerre dans la catégorie des droits ordinaires de la paix."

Thatsächlich handelt es sich um eine besondere Kriegsart, ein besonderes Kriegsrecht, für welches die Belagerung mannigfache Vergleichspunkte bietet. Zur Ausübung dieses Rechtes kann der Kriegführende seine Absperrung einrichten *„comme il juge convenable"*[2]). Schon Hautefeuille muss zugestehen: „la plupart des publicistes de l'école de Grotius et de Vattel regardent le blocus comme une conséquence du droit de la necessité et comme ce droit justifie tous les actes des belligérants, ils ne s'occupent pas de fixer les limites de la partie, dont il s'agit." Auf diesem Boden stehen ausser den schon oben erwähnten Geffken[3]), Heffter[4]), Gessner[5]), Attlmayr[6]), De Burgh[7]), Perels[8]) und Rivier[9]). Auch das Institut hat für die Kriegs- wie Friedensblokade darauf verzichtet, den Aufenthalt der blokierenden Schiffe im Küstenmeer zu fordern[10]). Unser Jahrhundert hat denn auch etliche Blokaden gesehen, bei welchen die Schiffe von der Küste **weit** entfernt waren, wie die von Riga 1854 und die von Charleston im Sezessionskriege. Soviel von der Blokade.

Es bedarf kaum der Erwähnung, dass der Kriegführende im Küstenmeer seines Gegners alle diejenigen Rechte (z. B. der Aneignung des feindlichen schwimmenden Privateigentums, der Beschlagnahme von Kontrebande u. s. w.) hat, die ihm schon auf hoher See zustehen. Immerhin zeigt die Geschichte des Völkerrechts, dass man auch hier im feindlichen Küstenmeer dem Kriegführenden gewisse Schranken zu ziehen, bemüht gewesen ist. Eine alte Regel,

---

1) Cauchy a. a. O. tom. II S. 197—200.
2) Weiss a. a. O. tom. II S. 185.
3) Geffken im Handbuch a. a. O. S. 475.
4) Haffter-Geffken a. a. O. S. 842.
5) Gessner a. a. O. S. 191 u. ff.
6) Attlmayr a. a. O. S. 95.
7) De Burgh, The elements of maritime international law. London 1868. S. 120 u. ff.
8) Perels, Seerecht a. a. O. S. 272.
9) Annuaire a. a. O. Bd. IX von 1888 S. 225 u. S. 301.
10) Principes du droit des gens II, S. 281.

schon dem vorigen Jahrhundert bekannt[1]), verneint das Recht auf Kontrebande gegenüber dem Küstenhandel der Neutralen von einem Hafen des Gegners zum andern. England hat allerdings 1756 den Neutralen diesen Schutz verweigert. Bis in das sechzehnte Jahrhundert geht der Rechtssatz zurück, dass es kein Prisenrecht des Kriegführenden gegenüber den Booten und Geräten der Küstenfischer des Gegners giebt. Es handelt sich dabei um Gewohnheitsrecht der Völker, das eigentlich allgemein anerkannt wird. Trotzdem hat die englische Praxis 1854 im Finnischen und Asowschen Meerbusen anders verfahren! Und als auf der internationalen Haager Konferenz die französischen Delegierten diesen Grundsatz im Vertrage fixiert wissen wollten, widersetzten sich die Engländer dem.

In neuester Zeit ist das Verlangen nach einer Verpflichtung des Kriegführenden geäussert, auch im feindlichen Küstenmeer die kostbaren unterseeischen Kabel zu schonen, falls sie den gegnerischen Uferstaat mit einem Neutralen verbinden[2]). Ob man den Kriegführenden dazu verpflichten kann, auch alle Leuchttürme und andern Anlagen zur Sicherung der Küste, unversehrt zu lassen, ja zu unterhalten, weil dieselben auch den Neutralen dienen, steht unseres Erachtens sehr dahin. Im jüngsten chinesisch-japanischen Kriege ist Japan diesem Prinzip gefolgt, in der Mehrzahl der Fälle wird es ja im eigensten Interesse desjenigen liegen, der mit seinen Kriegsschiffen das feindliche Küstenmeer besetzt hält, dort die Sicherungsmittel für die Schiffahrt zu erhalten.

Die Rechte der Kriegführenden im eigenen Küstenmeer zu Kriegszeiten bedürfen nur soweit einer Erörterung an dieser Stelle, als sie über die Befugnisse auf hoher See wie im Küstenmeer des Feindes hinausgehen. Da der Uferstaat schon zu Friedenszeiten im Küstenmeer als Souverän gebietet, ist eine Steigerung seiner Befugnisse dort natürlich. Soll der Uferstaat in seinem eigenen Gebiete angegriffen werden, so wird es sein Bestreben sein, den Feind von dort abzuhalten. Das gilt auch vom Küstenmeer. Und da der Uferstaat sich am besten sichert, wenn er sein Küstenmeer für den Feind wie für den Neutralen sperrt, so hat man ihm ein solches Recht der Sperre zu seiner Verteidigung allseitig zugestanden. In diesem Sinne sagt art. V der Resolution des In-

---

[1]) Enthalten z. B. in der Erklärung der russischen bewaffneten Neutralität von 1780.
[2]) Godey a. a. O. S. 72.

stituts: „sauf le droit des belligérants de reglementer et dans un but de defense de barrer le passage dans la dite mer pour tout navire." Unter der Voraussetzung, dass eine solche Sperre thatsächlich durchgeführt ist (man wird hier in Rechtsanalogie den völkerrechtlichen Begriff der Verwirklichung aus dem Blokaderecht verwerten müssen) hat der Kriegführende einen Anspruch darauf, dass die Neutralen ihn bei Ausübung eines ihm völkerrechtlich zugestandenen Kriegsrechts nicht hindern oder stören. Demgemäss hat ein Schiff, welches dem Verbot der Durchfahrt durch das Küstenmeer zuwiderhandelt, die Folgen zu tragen, die der Uferstaat festgesetzt hat. Eine Verurteilung des betreffenden Schiffs zur Prise im Wege des Prisen-Verfahrens ist jedoch dem Völkerrecht bis jetzt unbekannt geblieben.

Ein gleiches Recht der Sperre will Attlmayr[1]) dem Uferstaat auch im Fall eines Aufstandes in einer an die See grenzenden Provinz gewähren. Wir möchten dem beistimmen. Das Bedürfnis des Uferstaats sich davor zu schützen, dass im Falle eines Bürgerkriegs die Aufständischen vom Meer her unterstützt werden, spricht auch hier dafür, in dem Recht der Sperrung die letzte Folgerung der Souveränetät zu ziehen.

Schon an anderer Stelle ist gesagt worden, dass nach der Resolution des Instituts in Uebereinstimmung mit der herrschenden Theorie und Praxis die Durchfahrt durch eine Meerenge von einem freien Meere zum andern niemals gesperrt werden kann.

Ueberhaupt hat sich die Massregel der Sperre des eigenen Meeres wegen der Schwierigkeit ihrer Durchführung bisher meistens nur auf die Häfen erstreckt. So sind 1870 der Kieler Hafen und am 13. Dez. desselben Jahres die französischen Häfen von Rouen, Dieppe und Fécamp gesperrt worden. Lässt sich die gänzliche Sperre des Küstenmeers nicht durchführen, so steht es doch dem Uferstaat natürlich frei, jede andere Massregel zu treffen, die ihm zur Sicherung besser zu dienen scheint, als die Ausübung der ihm auch für die hohe See wie im friedlichen Küstenmeer zustehenden Rechte. Er kann die eigenen Anlagen zur Sicherung der Schiffahrt an der Küste zerstören wie jede neue Anlage herstellen, die geeignet ist, dem Feind den Eintritt in seine Gewässer zu verwehren.

---

1) Attlmayr a. a. O. S. 11.

Schluss.

Wir sahen in unserer Betrachtung des „Küstenmeers im Krieg", dass sowohl der Kriegführende dem Neutralen, wie der Neutrale dem Kriegführenden für eine Verletzung der Neutralität verantwortlich werden kann. Die Lehre von der dafür schuldigen Genugthuung, vorzüglich der moralischen (neben dem materiellen Schadensersatz) gehört in den allgemeinen Teil des Völkerrechts. In dieser Arbeit war es nur unsere Aufgabe die räumlichen Grenzen der uferstaatlichen Herrschaft im Küstenmeer und die Wirkungen dieser Herrschaft für das gesammte Gebiet des internationalen Rechts zu Kriegs- und Friedenszeiten darzuthun. Möchte die Hoffnung des Verfassers, hierdurch eine Lücke in seiner vaterländischen Wissenschaft ausfüllen g e h o l f e n zu haben, nicht ganz eitel sein.

Anhang.

I. Die Resolution des Instituts über das Küstenmeer.

(Definition et régime de la mer territoriale.)

art. I. L'état a un droit de souveraineté sur une zone de la mer qui baigne la côte, sauf le droit de passage inoffensiv réservé à l'article V.

art. II. La zone de mer territoriale s'étend à six milles marins (60 au degré de la latitude) de la laisse de basse marée sur toute l'étendue des côtes.

art. III. Pour les baies la mer territoriale suit les sinuosités de la côte sauf, qu'elle est mésurée a partir d'un ligne droite tirée en travers de la baie dans la partie la plus rapprochée de l'ouverture vers la mer, ou l'écart entre les deux côtes de la baie est de douze milles marins de largeur à moins, qu'un usage continu et séculaire n'ait consacré une largeur plus grande.

art. IV. En cas le guerre, l'État riverain neutre a le droit de fixer par la déclaration de neutralité ou par notification spéciale sa zone neutre au delà de six milles jusqu'à portée des canons des côtes.

art. V. Tous les navires sans distinction ont le droit de passage inoffensiv par la mer territoriale, sauf de droit des belligérants de réglementer et dans un but de défense de barrer le passage dans ladite mer pour tout navire et sauf le droit des neutres de réglementer le passage dans ladite mer pour les navires de guerre de toutes nationalités.

art. VI. Les crimes et délits commis a bord de navires étrangers de passage dans la mer territoriale par des personnes qui se trouvent à bord de ces navires sur des personnes ou des choses à bord de ces mêmes navires sont comme tels en de hors de la iuridiction de l'État riverain, à moins, qu'ils n'impliquent une violation des droits ou des intérêts de l'État riverain ou de ses ressortissants ne faisant partie ni de l'équipage ni des passagers.

art. VII. Les navires de toutes nationalités par le fait seul qu'ils se trouvent dans les eaux territoriales, à moins qu'ils n'y soient seulement de passage sont soumis à la iuridiction de l'État riverain. L'état riverain a le droit de continuer sur la haute mer la poursuite commencée dans la mer territoriale, d'arrêter et de juger le navire qui aurait commis une infraction dans les limites de ses eaux. En cas de capture sur la haute mer le fait sera toutefois notifié sans délai à l'État dont le navire porte le pavillon. La poursuite est interrompue dès que le navire entre dans la mer territoriale de son pays ou d'une tierce puissance. Le droit de poursuite cesse dès que le navire sera entré dans un port de son pays ou d'une tierce puissance.

art. IX. Est reservée la situation particulière des navires de guerre et de ceux qui leur sont assimilés.

art. X. Les dispositions des articles précédents s'appliquent aux détroits, dont l'écart n'excède pas douze milles sauf les modifications et distinctions suivantes:

Les détroits dont les côtes appartiennent à des États différents font partie de la mer territoriale des États riverains qui y exerceront leur souveraineté jusqu'à la ligne médiane. Les détroits dont les côtes appartiennent au même État et qui sont indispensable aux communications maritimes entre deux ou plusieurs États autres, que l'État riverain font toujours partie de la mer territoriale du riverain, quelque soit le rapprochement des côtes. Les détroits qui servent de passage d'une mer libre à une autre ne peuvent jamais être fermés.

art. XI. Le régime des détroits actuellement soumis à des conventions ou usages spéciaux demeure reservé.

II. Thesen über den gegenwärtigen völkerrechtlichen Rechtszustand im Küstenmeer[1]).

art. I. Unter „Küstenmeer" im Sinne der deutschen Völkerrechtswissenschaft ist nur derjenige Teil des offenen Meeres zu verstehen, der eine Küste bespült, nicht Häfen, Buchten und Meerengen.

art. II. Die Landgrenze des Küstenmeers ist der niedrigste Ebbestand, die Festsetzung der Seegrenze ist den einzelnen Staaten überlassen.

art. III Kein Uferstaat darf jedoch seine Grenze über die Schussweite der besten Geschütze seiner Zeit hinausschieben.

---

1) Es erscheint uns zweckmässig, der Resolution des Instituts, die teilweise nur neue Vorschläge zu einem internationalen Abkommen enthält, an dieser Stelle die Schlussfolgerungen unserer Arbeit gegenüberzustellen, soweit dieselben den gegenwärtigen Rechtszustand betreffen. Dass diese Schlussfolgerungen sehr bestritten sind, geht aus der Arbeit selbst hervor; auch dürfte ihre Fassung im einzeln vielleicht nicht einwandfrei sein.

art. IV. Innerhalb des Küstenmeers hat der Uferstaat volle Gebietshoheit wie im Inlande.

art. V. Auf dem Küstenmeer lastet die öffentlich-rechtliche Servitut der freien friedlichen Durchfahrt für Fahrzeuge jeder Art aller Nationen.

art. VI. Die Gebietshoheit des Uferstaats im Küstenmeer äussert sich in seiner Schiffahrts-, Zoll- und Gesundheitspolizei, in seinem ausschliesslichen Recht auf Küstenfrachtfahrt und Fischerei, sowie in der ihm bei Ausübung dieser Rechte wie auch zum Schutz unterseeischer Kabel zustehenden Jurisdiktion und Zwangsgewalt gegenüber fremden Schiffen. (Ausnahme in art. IX).

art. VII. Während im Küstenmeer selbst das Recht des Uferstaats gilt, ist eine Ausdehnung seiner allgemeinen Jurisdiktion auf fremde das Küstenmeer passierende Schiffe weder im Zweifel nach dem positiven Recht des einzelnen Staates zu vermuten, noch nach Völkerrecht zulässig.

art. VIII. Ueber die privatrechtlichen Folgen von Zusammenstössen auf See, wie über die Ansprüche auf Grund der Bergung, Hülfeleistung in Seenot entscheidet indess das Recht des Uferstaats.

Ebenso darf der Uferstaat Straftaten nach seinem Gesetz verfolgen und richten, die in ihrer Wirkung über Bord des fremden Schiffes hinausgehen.

art. IX. Gegen Kriegsschiffe fremder Flagge ist jeder Akt uferstaatlicher Zwangsgewalt im Küstenmeer ausgeschlossen, auch im Falle des art. VIII, darf keine Verfolgung durch den Uferstaat eintreten.

art. X. Zu Kriegszeiten hat der Neutrale die friedliche Durchfahrt der Kriegführenden zu dulden; doch ist jeder Akt der Feindseligkeit eines der Kriegführenden innerhalb der neutralen Gewässer ausnahmslos ausgeschlossen. Der Kriegführende darf sein eigenes Küstenmeer sperren.